シリーズ
「改憲」異論 3

九条と民衆の安全保障

国家の論理を超える平和主義

ピープルズ・プラン研究所＝編

現代企画室

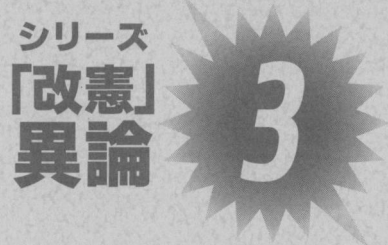

発行に当たって

ピープルズ・プラン研究所

いま、憲法改悪への動きが急ピッチで進んでいる。改憲はもはや当然のことであり、抗しがたい流れになっているという政治的空気が強力に作りだされている。改憲の最大の狙いは、いうまでもなく第九条の平和主義の原理による制約を取り払って、派兵し戦争する自由を国家に与えることにある。だが、ことはそれだけにとどまらない。自民党の「論点整理」(二〇〇四年六月)や「改憲草案大綱」素案(同年一一月)にあからさまに書かれているように、改憲の内容には、歴史・伝統・文化を踏まえた「国柄」の明示、天皇の祭祀権の復活、「国防の責務」を柱とする「公共的責務(義務)」の強調、家族の価値の重視による男女平等規定の見直し、人権を制限できる「国家緊急事態」の新設などが、提示されている。改憲は、平和主義や人権という現在の憲法の基本原理を大きく変更し、憲法を〝政府の自由を縛る規範〟から〝国家への協力を市民に義務づける〟ものに変えようとしている。憲法の修正＝改正という次元を越えて、権力を握っている人間たちが新しい憲法を制定するクーデタに等しい企みである、と言える。こうした改憲の企みには、日本の国家・社会の全体を、グローバリズム・新自由主義とナショナリズム・国家主義の方向へ向かって全面的に改革する狙いがはっきりと表れている。だが改憲の企ては、すでに韓国や中国をはじめ東アジア諸国の政府と民衆の強い警戒心を呼び起こしている。改憲をめぐる政治攻防は、米国・東アジア・日本の国際関係に規定されて進行するだろう。

このシリーズは、憲法改悪の企てに反対し、改憲の狙いや内容を批判し、改憲反対の大きな民衆運動をつくるための問題提起を行うことをめざして刊行される。しかし、私たちは、改憲に対して、いわゆる護憲ではないスタンスに立って反対する立場をとりたい。護憲は、現在の憲法がいかに素晴らしいものであるかを強調して、改憲に反対する立場である。私たちは、政治や社会の現状を徹底的に批判し、民衆にとって望ましい政治や社会のあり方（オルタナティブ）がどのようなものであるのかを自由に構想し、論じることから出発して、改憲に反対する。

オルタナティブには、たとえば次のようなことが含まれるだろう。日本で暮らす外国人が政治的な決定に参加する権利を行使できる。天皇制をなくして、共和政に移る。日米安保を解消し自衛隊を解体して、国家の非軍事化・非武装化を実現する。国境を越えた市民の連帯と協力を基礎にして交渉によって紛争を解決する。個人あるいは地方自治体が、戦争や戦争準備への協力・動員を拒否できる自由をもつ。個人が、結婚や家族の形成や働き方について各々の価値観に従った多様な生き方を選ぶ自由を保障する。住民投票や国民投票といった直接民主主義的な意思決定の仕組みを導入する。地域や先住民の自己決定権や日本国家からの分離の自由を保障する、などなど。

対米軍事協力と経済「構造改革」が急速に進む現状を批判し、民衆にとって望ましい政治や社会のあり方を積極的に構想し対置する議論を呼び起こそう。私たちは、このことによってこそ、いま企てられている改憲が、民衆にとってどれほど抑圧的で敵対的なものであるかを浮き彫りにすることができる、と考える。そして、現在の憲法の立憲主義、平和主義、人権、主権在民、地方自治などの基本原理や条項のもっている普遍的な価値に光を当てることもできる。いいかえると、護憲ではない立場に立つことによって、改憲と国家・社会の全面的改革の企てに対して最も有効に抵抗し反撃することができるはずである。

今後第一冊の「論点整理」批判に続いて、「憲法」とは何であるのか、国民投票法案、「九条」問題、天皇条項、家族論、運動論など多くのテーマでシリーズを展開していく予定である。

このシリーズが、護憲派はもちろん、改憲に反対する、あるいは改憲に疑問をもつ多くの人びとの間で活発な議論を呼び起こす一助となれば、幸いである。

二〇〇五年四月

「改憲」異論③　九条と民衆の安全保障　目次

装丁——本永惠子

はしがき

白川真澄

改憲をめざす勢力の最大の狙いは、いうまでもなく憲法九条の改悪によって平和主義の原理を消し去り、戦争と派兵を堂々と行なえる「普通の国家」になることにある。

改憲案がつぎつぎに出される過程で、九条改憲の内容は、第一項（戦争放棄）には手をつけず第二項（戦力保持と交戦権の否認）を全面的に変えて、自衛権と自衛隊の「国際協力」活動を明記することに絞られてきている。二〇〇五年一〇月に発表された自民党の「新憲法草案」は、第二章の表題を「戦争放棄」から「安全保障」に変更した上で、現行の九条第二項を削除し、新たに「自衛軍の保持」と「国際社会の平和と安全を確保するために国際的に協調して行われる活動」への自衛軍の参加をはっきりと謳った。集団的自衛権の行使までは明記せず、自衛隊の存在と「国際協力」活動への派兵という現状の追認の装いをとって国民的多数派の支持を獲得し、九条を改変する。後は自衛権を思いのままに解釈して、いつでもどこにでも派兵して米軍と一体になって戦争することができるようにする。こうした意図が透けて見える。

自民党の「新憲法草案」に見られる九条改憲構想は、非軍事・非武装によって平和を築くという原理を否定して、軍隊によって安全を守るという原理に百八十度転換しようとする企てである。本冊子はこうした企てを真正面から批判し、これと対決する考え方を打ち出そうとするものだが、大まかに言って次のような原則を立てている。

第一に、「安全を守る」というときの安全は、国家や抽象的な「国民」の安全ではなく、子どもや女性や住民ひとりひとりの生存や生活や人権が保障されるということを意味する。その視点から見れば、軍隊は人びとの安全を守らない、むしろ軍隊や基地は人びとの安全を脅かす。

第二に、人びとの安全を守り、紛争を解決するために最も有効な手段は、軍事力という暴力を行使することではなく、非軍事・非武装・非暴力の行動に徹することである。軍隊の暴力と同時に社会のなかのさまざまの暴力（たとえば男性による女性への暴力）をなくし、社会の非軍事化・非暴力化を進めることが重要である。

第三に、安全を守ることを国家の手に委ねてしまうのではなく、人びと（市民や住民）が自ら行動を起こし、国境を越えて対話し協力する活動によって実現する。安全を守る主体は、国家や軍隊ではなく、人びと自身である。

本冊子では、こうした考え方をとりあえず「民衆の安全保障」と呼び、その立場から九条のもつ普遍的な意味を照らしだし、九条改憲に対する批判と対決を試みた。

第一章「自衛権・国家緊急権・『新たな英霊』の顕彰――自民党『新憲法草案』はどこへ向かうのか」（古川純）は、自民党「新憲法草案」の九条改憲構想の特徴を検討し、それが現行憲法の基本原理を否定し、軍事的公共性を優位におく統治体制への転換を意図するものであることを明らかにしている。

第二章「民衆が動かなければ戦争はできない――民衆の安全保障＝憲法九条の現実性」（武藤一羊）は、「民衆の安全保障」という思想が沖縄の人びとの運動の凝集的表現である「命どう宝」に起源をもつことを明らかにし、その視点から九条を読みなおしている。そして、「民衆の安全保障」は民衆が自身の安全を守る行為主体であり、それは境界を越えてゆく民衆の連合のうちに実現されると主張している。

第三章「『世論』の動向に寄り添うのではなく、それを変えさせる努力が必要なのだ――『平和基本法』提案と坂本義和さんの論を手がかりに」（吉川勇一）は、自衛隊の存在を容認した上で海外派兵と九条改憲に反対するという提案や路線を批判的に検討している。そして、軍隊による安全保障を自明として自衛隊の必要性を認める世論に寄り添うのではなく、非武装・非暴力抵抗の原理から世論をどのように変えるのかという運動論を提起している。

第四章「日本国憲法の平和主義を捉え直す」（君島東彦）は、九条を東アジアという広がりのなかで捉えかえし、東アジアの普遍的安全保障構想にとって重要な役割を果たすものと位置づけている。そして、非暴力的な方法でのＮＧＯによる国際平和協力の活動の重要性を論じている。また、九条と二四条（家族生活における個人の尊厳と両性の平等）を一体的に把握する必要性を提起している。

第五章「市民の平和協力――自衛隊と市民・ＮＧＯ」（越田清和）は、第四章の議論と重なるが、自衛隊とODAとNGOの三位一体の関係が作られている現状を批判した上で、非軍事・非武装・非暴力を貫く市民やNGOによる平和協力のあり方を具体的に提起している。

第六章「ジェンダーの視点から見た憲法九条——軍隊と女性に対する暴力」（秋林こずえ）も、第四章の提起と重なるが、ジェンダーの視点から九条を捉えなおしている。軍隊は人殺しの術を訓練する集団だが、そのためには女性に対する暴力を正当化するプロセスが導入される。このように軍隊による殺人の暴力と女性に対する家父長制支配の暴力が深くつながっているかぎり、九条の実現と女性に対する暴力の廃絶をひとつのプロセスとして、脱軍事化・非暴力の社会をめざすべきだと主張している。

第七章「『安全』をめぐる地域での攻防——国民保護法制に抗して非軍事化に取り組む」（白川真澄）は、国民保護法制が「国民の安全」を守ると称して軍事と防犯・防災を一体化した住民参加型の相互監視システムを構築しようとしていることを明らかにし、市民による地域からの非軍事化を提案している。

このように、本冊子では、従来の九条擁護論を越えて、九条と安全保障の問題を新しく捉えかえす多様な切り口——民衆という主体、東アジア、ジェンダー、市民の平和協力、地域など——が設けられている。このことが九条改憲の企てに反対する運動のなかで討論が活性化され豊かになることに寄与できれば幸いである。

第1章

自衛権・国家緊急権・「新たな英霊」の顕彰
——自民党「新憲法草案」はどこへ向かうのか

古川 純

ふるかわ あつし
専修大学法学部教授。専門は憲法学。共著書に『戦争と平和』、『世界の中の憲法第九条』など。

はじめに

二〇〇五年一〇月二八日、自民党新憲法起草委員会（森喜朗委員長）は、「新憲法草案」を発表した（一〇月二九日の各新聞朝刊に掲載されたが、自民党立党五十周年大会（一一月二二日開催）はこれを採択した）。この草案までの経過を年表風にまとめると、以下のようになる（項目文頭の①、②……は後にⅠで引用する各資料番号の意味である）。

二〇〇四・六・一〇　①自民党憲法調査会憲法改正ＰＴ（プロジェクト・チーム）「論点整理」

②自民党憲法改正草案大綱（たたき台）――「己も他もしあわせ」になるための「共生憲法」を目指して――（事務局案）（しかし元防衛庁長官の中谷元・起草委員長が陸上自衛隊幕僚幹部の二佐に安全保障関係を中心に草案起草を依頼し提出を受けたことが発覚して党内外から批判を受け、白紙撤回）

一二・一五　新憲法制定推進本部（小泉総裁が本部長、武部幹事長が本部長代行）および新憲法起草委員会設置（憲法「改正」から「新憲法」起草へ）

二〇〇五・四・四　③自民党新憲法起草委員会各小委員会要綱

七・七　④自民党新憲法起草委員会要綱・第一次素案

八・一　⑤自民党新憲法第一次案

一〇・七　前文起草小委員会案（〝中曽根色〟［世界平和研究所（中曽根康弘主宰）「憲法

改正試案」の前文、二〇〇五・一」が色濃く出ている）

一〇・一二　⑥自民党新憲法第二次案（九条は福田康夫・小委員会で検討中と注記）

一〇・二八　自民党「新憲法草案」

一一・一五　自民党結党五十周年

一一・二二　自民党立党五十周年党大会を開催

本稿では、表題のテーマに即して、「新憲法草案」（以下「草案」という）の特徴について、特に九条の属する第二章の「戦争の放棄」を「安全保障」という全く異なる表題に変更したことの持つ規範構造的な意味を中心に分析する。

私は、今回の草案起草の背景として、自民党の「〝郵政解散〟総選挙」結果に象徴されるように、従来型自民党保守主義から新自由主義・市場原理主義への自民党の構造的転換が始まったことを指摘したいと思う。これを統治体制の「五五年体制」から「二〇〇五年体制」への移行という枠組みで説明することも可能であろう。草案の基調は、少なくとも「占領期の憲法制定」問題に引きずられた従来型の「自主憲法制定」論とは同じではなく、現代国際社会における日本国家の新たな「戦略」を求める胎動に基づくものであると考えるべきである。

Ⅰ 「戦争の放棄」から「安全保障」へ――自衛軍・国家緊急権・最高指揮権

「戦争放棄・戦力不保持」から「安全保障」への転換の意味

資料⑤（資料⑥も同文）は、第二章の表題を「戦争の放棄」から「安全保障」に変更したが、草案第二章はこれを引き継いだ。ただし草案は現行九条二項を削除するものの、一項は全文をそのまま残し維持している。

そもそも「安全保障」は national security である限り、軍隊・国家緊急権・軍事裁判所を一体のものとして持つ構造を意味する。その意味で「安全保障」は、明治憲法（旧憲法）の戦争・軍隊・国家緊急権・軍事裁判所に対して、それを一体の構造をなすものとして規範的に排除した現行憲法の基本原理（戦争放棄・戦力不保持・市民的公共性の優位）とはまったく正反対の所に位置付けられるものである。それは、再び「軍事」を憲法の規範構造の中心にすえて、「戦時」・「緊急事態」の事態想定を持ちながら、人権保障の停止をも正当化する軍事的公共性を優位におく統治体制へと統治の仕組みを転換するものといわなければならない。

戦力不保持・交戦権否認の削除と自衛軍の保有および国家緊急権の創設

草案第二章の文案にいたるややジグザグの経緯を見ておきたい。資料①では、安全保障に関して委員の大多数の同意が得られたものとして、「自衛のための戦力の保持を明記すること」、「個別的・集団的自衛権の行使に関する規定」、「内閣総理大臣の最高指揮権」、「非常事態全般（有事、治安的緊急事態――テロ、大規模暴動など、自然災害――）に関する規定」、「非常時においてこそ国家権力の円滑な行使が必要であることを前提に、憲法に明文の規定を設ける」などがあげられている。前記の事情のもとに幹部自衛官によって策定された資料②では、「第八章　国家緊急権及び自衛軍」の題名のもとに、「第一節　国家緊急事態」で内閣総理大臣が「防衛緊急事態」「治安緊急事態」「災害緊急事態」を宣言し布告すること、国民の「基本的な権利・自由は、その布告が発せられている期間、特にこれを制限することができるものとすること」を定める。「第二節自衛軍」では、「内閣総理大臣の最高の指揮監督権の下に、個別的または集団的自衛権を行使するための必要最小限度の戦力を保持する組織として、法律の定めるところにより、自衛軍を設置するものとすること」、「自衛軍は、我が国の平和と独立を守り、国の安全を保つため、防衛緊急事態に対し我が国を防衛することを目的とすること」、自衛軍はこの任務のほかに「治安緊急事態、災害緊急事態その他の公共の秩序の維持に当たること及び国際貢献のための活動（武力の行使を伴う活動を含む。）を行うことをも任務とすること」、「自衛軍の軍事規律を維持するため、法律の定めるところにより、特別の組織の設置その他の必要な措置を講ずることができるものとすること」などを定める。特に最後の「特別の組織」に関しては注記において、「自衛軍を『戦力』を有する実力組織＝軍隊として認めることに伴って、その軍事規律の維持のために、その違反行為に対しては、一般の裁判所とは異なる特別裁判所の管轄に服させることが適切であるとも考えられる」と述べ、ただし「他の特別裁判所」（第五章　統治の基本機構の第四節　司法裁判所において、「行政事件、知的財産権その他の専門事項に関する事件を処理するため、特別の裁判所を設けることができる」とする）と同様に最高裁判所への上訴と第五章の第五節で設ける「憲法裁判所」の判断を保障するとしている。つまり、旧憲法下の特別裁判所であった軍法会議とは異なるが、司法裁判所の系列の中に特別裁判所として軍事裁判所を設ける案である。資料③では、「安全保障及び非常事態」に関する要綱として、「自衛のために自衛軍を保持する。自衛軍は、国際の平和と安全に寄与することができる」「内閣総理大臣の最高指揮権及び民主的文民統制の原則に関する規定を盛り込む」のほかに、検討事項として「軍事裁判所」「非常事態」「安全保障基本法」「国際協力基本法」があげられた。資料④ではこれら検討事項が消えたが、しかし資料⑤で下級裁判所としての軍事裁判所の設置（七六条三項）が登場し、さらに「非常事態」は結局、草案の九条の二の三項で「緊急事態における公の秩序の維持」の形で登場した。

条文化された案（資料⑤および⑥と草案）を比較すると、草案の九条（現行九条一項と同文、現行の二項は削除）および九条の二の特徴が明確になるであろう。資料⑤（資料⑥も同文）は、第二章の表題を「戦争の放棄」から「安全保障」に変更した上で、現行九条二項を削除して一項をほぼ全面的に書き換え、一項については「安全保障と平和主義」の肩見出しのもとに、日本国民は「諸国民の公正と信義に対する信頼に基づき恒久の国際平和を実現するという平和主義の理念を崇高なものと認め」、新二項ではこの理念を踏まえ「国際紛争を解決する手段としては、戦争その他の武力の行使又は武力による威嚇を永久に行わないこととする」と規定する。また三項を新設して、一項の理念に基づき日本国民は「国際社会の平和及び安全の確保のために国際的に協調して行われる活動に主体的かつ積極的に寄与するよう努めるものとする」とした。次に九条の二を新設して「自衛軍」の肩見出しをつけ、一項で「侵略から我が国を防衛し、国家の平和及び独立並びに国民の安全を確保するため、自衛軍を保持する」とし、二項では自衛軍は自衛のために必要な限度での活動のほかに、「国際社会の平和及び安全の確保のために国際的に協調して行われる活動並びに我が国の基本的な公共の秩序の維持のための活動を行うことができる」とするとともに、三項で、自衛軍による活動は「我が国の法令並びに国際法規及び国際慣例を遵守して行わなければならない」とした（四項は略）。さらに九条の三（自衛軍の統制）を新設し、一項で「自衛軍は、内閣総理大臣の指揮監督に服する」と定める（二項、三項は略）。

資料⑤で削除・改変された現行九条の「戦争放棄」条項については、草案が現行二項を削除して一項のみ全文をそのまま維持したことはすでに指摘した。その理由はおそらく、一項は不戦条約（戦争抛棄ニ関スル条約、一九二八年）の規定の国内基本法化を意味するから、一項の削除・改変は国際政治的に、不戦条約の誓約を引き受けない特別の政治的意図を持つと解釈されることの危険性に配慮したからであろう。

草案九条の二の三項では、「自衛軍」を必ずしも国連の決定を踏まえることを前提にしないで「国際社会の平和と安全を確保するために国際的に協調して行われる活動」と、「緊急事態における公の秩序を維持し、又は国民の生命若しくは自由を守るための活動」に使用することができる旨を定める。前者は、すでに自衛隊を個別立法によってインド洋やイラク・サマーワに派兵している現実を憲法的に正当化するだけでなく、「自衛軍」が派兵現地で軍事的必要に応じて戦闘行動＝「戦争」に踏み込むことを可能とするものである。後者は現行憲法が制定時に排除した旧憲法の国家緊急権を創設する意味を持つものであるが、しかし現行の「有事法制」＝武力攻撃事態法等三法はすでに自衛隊の任務を拡大し、国民に義務を課して動員する体制をつくりあげているから、「緊急事態」に「自衛軍」を出動させうるとすることは、現行「有事法制」より以上の自衛軍の軍事的権限と国民への軍事的義務付けを拡大することを意図することになろう。

最高指揮権＝軍の統帥権の創設

草案は九条を一項のみを残して棚上げにするが、九条の二の一項で「自衛軍」を保有し、内閣総理大臣を「最高指揮権者」＝「軍の指揮命令権者」として、内閣の行政権から独立した「軍の指揮命令権」（＝「陸海軍の統帥権」、旧憲法一一条）を憲法に創設する。これは、合衆国憲法二条二節一項の大統領の最高司令官（commander-in-chief）条項に相当する。初期の自民党憲法調査会の意見（一九五六・二・二）では、内閣を代表する総理大臣に軍の「統帥権」＝「指揮権」を与えることを憲法に書くことが提案されており、「中間報告」（一九八二・八・一一）では、新設される九条の二の二項に内閣総理大臣は「自衛隊の最高の指揮監督権」を有する旨の規定を置いた。

草案の起源は実はここにある。

Ⅱ　軍事裁判の正当化と「新たな英霊」の国家的顕彰への道

「軍事裁判所」の設置による司法への「軍事」の侵入

草案七六条三項は、「軍事に関する裁判を行うため、法律の定めるところにより、下級裁判所として、軍事裁判所を設置する」と定める。現行七六条二項の特別裁判所の設置禁止はそのまま残しているので、この「軍事裁判所」は旧憲法下の特別裁判所であった「軍法会議」とは異なるとするつもりであろうが、「自衛軍」の軍刑法違反事件（「軍人」も「市民」も）を特別に管轄する下級裁判所であるかぎり、実質的に旧「軍法会議」として機能するものとなるであろう。司法への「軍事」の侵入は、統治体制のみでなく社会的にも「軍事」の価値を特別視する文化を形成し定着させる恐れがあると思われる。

「新たな英霊」を顕彰する首相の靖国神社公式参拝

草案二〇条三項は、国およびその機関にたいする宗教的活動の禁止（現行三項、財政面の支出・便益供与については八九条）を大きく緩め、「国及び公共団体は、社会的儀礼又は習俗的行為の範囲を超える宗教的教育その他の宗教的活動であって、宗教的意義を有し、特定の宗教に対する援助、助長若しくは促進又は圧迫若しくは干渉となるようなものを行ってはならない。」(これを受けた草案八九条一項も同様)と変更する。小泉首相の靖国神社参拝に関しては、福岡地裁判決(二〇〇四・四・七、ただし慰謝料請求は棄却)や大阪高裁判決(二〇〇五・九・三〇、ただし慰謝料請求は棄却、高裁レベルでは初めての違憲判断)のように、参拝行為を内閣総理大臣としての「職務を行うについて」(国家賠償法一条)に該当する公式参拝であったとする違憲判断が続き、一〇月一七日の小泉首相の参拝は「普通の一般国民と同じ」「簡略参拝」「腐心の末『私的』演出」と報道されたように[1]「私的参拝」を強調するものであった。しかしその行為は首相の公約どおりの「公式参拝」を求める勢力を満足させるものではないのであり、草案は政教分離原則違反という違憲問題そのものを解消させてしまう意図をもつのである。草案の条文は、津地鎮祭訴訟最高裁合憲判決(一九七七・七・一三)の国家と宗教の緩やかな分離(ある程度の結びつきを容認)を前提とした「目的効果基準」をそのまま条文化したものであるが、しかし、愛媛玉ぐし訴訟最高裁違憲判決(一九九七・四・二、県知事の靖国神社・護国神社への公式参拝と公金支出を違憲とする)は「目的効果基準」を厳格に適用して県知事の参拝行為を違憲と判断しており、法論理的には首相の靖国神社参拝行為も最高裁段階でやはり違憲と判断されることになると思われる。草案はまさしくその違憲判断の根拠そのものを消し去ろうとするものであり、特に戦前の「国家神道」の中でも軍と特別の結びつきのあった靖国神社への首相(そして天皇)の公式参拝を憲法的に正当化することは、「自衛軍」の種々の国際的協調活動(イラク戦争・占領のような米軍との協同行動、PKF活動への参加など)

1 『朝日新聞』二〇〇五年一〇月一八日

で発生するであろう「戦死者」＝「新たな英霊」を靖国神社に合祀し国家的に顕彰するために、どうしても必要な改憲なのであるといってもよい。

Ⅲ　おわりに――現行九条二項の削除と憲法の同一性の破壊

現行九条立法者意思としての自衛戦争・自衛権の放棄

不戦条約（日本は一九二九年発効）一条は、「締約国ハ国際紛争解決ノ為戦争ニ訴フルコトヲ非トシ、且其ノ相互関係ニ於テ国家ノ政策ノ手段トシテノ戦争ヲ抛棄スルコトヲ其ノ各自ノ人民ノ名ニ於テ厳粛ニ宣言ス。」と定めたが、自衛戦争（自衛権）の扱いについて明文規定を持たなかった。条約文言を固める過程で米国政府は、自衛権は「主権国家固有のもの」であるから条約に明記する必要はないとし、[2]批准後の解釈公文で自国の領土を攻撃または侵入から守る自由があると主張した。その結果、各国はこれに追随し、日本は謀略で引き起こした「満州事変」（一九三一年）において「満蒙は帝国の生命線なり」という形で海外権益防衛のための自衛権の行使として正当化したのである。吉田茂首相は現行憲法を制定した帝国議会で、「国家正当防衛権による戦争は正当なりとせらるゝやうであるが、私は斯くの如きことを認めることが有害であると思うのであります。……近年の戦争は多くは国家防衛権の名に於て行はれることは顕著なる事実であります。故に正当防衛権を認むることが偶々戦争を誘発する所以であると思ふのであります」と述べた

2　筒井若水『自衛権』（有斐閣、一九八三年）

(一九四六・六・二八)。さらにまた、「戦争抛棄に関する本案の規定は、直接には自衛権を否定しては居りませぬが、第九条第二項に於て一切の軍備と国の交戦権を認めない結果、自衛権の発動としての戦争も、又交戦権も抛棄したものであります」と答えた(一九四六・六・二八)。これらの答弁には、九条の根底には不戦条約体制の下における「満州事変」以降の日本の対外軍事行動に対する真摯な反省があることを示すのみならず、理論的に自衛戦争の二項放棄説とともに国家正当防衛権(自衛権)の実質的放棄説が立法者意思として主張されたと判断できるのである。その後の政府(内閣)解釈の変更(自衛権の保持、行使のための必要最小限度の自衛力の保有)にもかかわらず、一貫して「自衛戦争」は容認されていない。

草案はまさに現行憲法のこの基本的立場を否定するだけでなく、さらに国連憲章が本来集団安全保障体制の原則の下で排除したはずの「同盟権」を米国の国益判断で憲章に取り込んだ「集団的自衛権」(五一条)について、積極的に行使できる方向を目指すのである。

何ゆえに「新憲法」草案か――憲法の同一性の破壊

どうして「憲法改正案」ではなく「新憲法」草案としたのか。ひとつには、憲法の一部改正の場合には個別の改正条項ごとの国民投票付議となる可能性があり、改憲の真の狙いである現行九条二項の削除と九条の二の新設が国民投票で賛成されないことを恐れて「全部改正」=「新憲法」制定として性格づけたいという政治的策略があると思われるが、より根本的・理論的には現行憲法の同一性の破壊の意図があるというべきであろう。つまり、現行憲法の基本原理である平和主義を具体化した規範的アイデンティティ（憲法の同一性）は、不戦条約に起源を有する九条一項ではなく二項の画期的な戦力不保持と交戦権の否認にあり、その二項の削除は、憲法の同一性を破壊するという意味で理論的に「憲法改正の限界」を超えるもの（まさに憲法「改正」手続きでは決して許されない、「新憲法」の制定あるいはクーデター！）といわなければならないのである。

第2章

民衆が動かなければ戦争はできない
――民衆の安全保障＝憲法九条の現実性

武藤　一羊

むとう　いちよう
1931年生。50年代から平和運動に参加、アジア民衆連帯を推進。現在ピープルズ・プラン研究所共同代表。

一九九五年沖縄の衝撃

二〇〇〇年の夏、私たちは沖縄で「民衆の安全保障・国際フォーラム」という国際会議を開き、「民衆の安全保障」(people's security)という考えを打ち出した。ここで私たちというのは、一九九七年頃から安全保障や非軍事化について小さい研究会をもっていた東京を中心にしたゆるい集まり、この会議のために沖縄に作られた連絡会、それにバンコクにある国際NGO「フォーカス・オン・ザ・グローバル・サウス」の三者である。この国際会議は、このとき名護で開催されたG8のサミットに対抗する多くの下からの行動のひとつとして計画され、韓国、台湾、中国、フィリピン、タイ、インドネシア、フィジー、米国など九ヵ国/地域から三十人の海外参加者、日本本土から五十七人、沖縄から四十人、合わせて百三十人ほどが参加した。この会議で私たちは「民衆の安全保障」という考え方を提起した。この耳新しい考えと討論は『沖縄タイムズ』、『琉球新報』両紙に大きく紙面をさいて報道された[1]。

私たちにとって、民衆の安全保障という考えは、何よりも、沖縄の反基地、平和、自立の闘いの経験に学び、それを普遍化しようとする試みだった。一九九五年、米兵による十二歳の少女へのレイプ事件が、女性たちの即座の抗議行動を引き起こし、それが米軍基地に対する沖縄のあらゆる人びとが参加し、行政を巻き込む島ぐるみの運動に発展していったことに私たちの多くは深く動かされていた。

九五年の運動は思想的な衝撃力を持つ出来事だった。当時私はこう書いた。

1 この国際会議のあらましは『ピープルズ・プラン研究』Vol.3, No.4(二〇〇〇年九月号)特集「基地・軍隊のない世界を選ぶ——〈民衆の安全保障〉沖縄国際フォーラムの報告」にある。『琉球新報』は会議初日の六月三〇日付夕刊でトップ記事にカラー写真入りで大きく紹介し、七月二日付紙面では一面分を使っ米兵による少女への暴行事件をきっかけに沖縄の女性たちが先頭に立って始まった動きは、……これまでの「安保闘争」のような上からの政治運動ではない。上からの政治運動であれば、少女への暴行は宣伝の材料として利用されるだけだったろう。沖縄の人々が求めているのは、「民衆の安全保障」である。そして「女性たちの安全保障」である。人々の安全（セキュリティ）は基地の存在と両立しない。地位協定の改訂やましてやその「運用面での改善」などで収まるものではない。（『東京新聞』一九九五年一〇月一二日）

ここで浮き彫りになったのは、国家の安全保障とは原則的に区別される民衆の安全保障の中心性である。続けて私はこう書いた。

（必要なことは）安全保障とは「民衆の安全保障」であると原則を立てることである。そしてそこから、現存の安保体制を見直すことである。国連開発プログラム（ＵＮＤＰ）のマーブブ・ウル・ハクの定義では、「安全保障とは、もはや単に領土の安全保障ではなく、民衆の安全保障のこと」である。すなわち「単に武力を通じての安全保障ではなく、仕事、まずまずの生活水準、そして持続的な環境保全などを通じての安全保障」であり、「せんじつめれば……子どもが死なないことであり、女性がレイプされないことであり、民族紛争が暴力化しないことで

て会議の模様を報道した。『沖縄タイムス』は七月六日に二面分を使って特集記事を組んだ。また同紙七月三日付社説は、「変わる安全保障観――基地は未来永劫ではない」と題して、次のように述べている。「最近、相次いで開かれたシンポジウムで強調されたのは『民衆の安全保障』である。『人間の安全保障』は、『国家の安全保障』を否定するものではなく、政府も両者を相互補完的にとらえている。『人間の安全保障』と一線を画するために、新たに住民サイドから打ち出されたのが『民衆の安全保障』という考え方である。……一連のシンポジウムを聞いて痛感したのは、沖縄基地の現実を変更不可能だと見るべきではない、ということである」

あり、貧しい者が飢えないことであり、反体制者の言論がふうじられないことであり、人間の精神が押しつぶされないことである」

思想であり認識用具でもある「命どう宝」

しかし国家安全保障が生身の民衆の安全とは違うこと、むしろそれへの脅威であることは、国家のメガネを捨ててみればとっくに明らかなことであった。なかでも沖縄戦以来の沖縄の人びとの経験と抵抗は、国家安全保障と民衆の安全とは両立しえないことを明白に示していた。前述の沖縄会議の基調報告者のひとり、沖縄大学の新崎盛暉は、軍隊はけっして民衆を守らない、軍隊が守ろうとするのは国家という抽象的存在で、そのためには邪魔になる「民間人」を平気で犠牲にするものであることを、沖縄戦の教訓として語った。日本帝国軍隊は、「沖縄防衛戦」という捨石作戦において、十数万人の沖縄の民衆を犠牲にして省みなかった。さらにこの酸鼻を極める地上戦のあと沖縄は有無を言わせず米国の軍事植民地に変えられ、米国は、沖縄をその軍事要塞のただの用地と取り扱うにいたった。それればかりか、戦後日本国家は、占領軍に沖縄の米国支配を勧めて地位保全を図った天皇裕仁自身を筆頭に、サンフランシスコ講和により、かつて日本帝国が植民地としたこの沖縄を無造作に米国の軍事支配に引渡す条件で、独立を回復したのである。沖縄の人びとは命そのもの、また命の基盤を脅かすこの軍事支配、またそれを支えるヤマト国家による差別的扱いにたいして、今日にいたるまで抵抗を続けなければならなかった。一九五三年、伊江島における銃剣とブルドーザーによる土地取り上げへの非暴力抵抗と抵抗への支持を訴える「乞食行脚」、一九五六年の軍用地の永久取得を狙うプライス勧告に反対する島ぐるみ闘争、反戦地主の抵抗など、米軍政下での米軍支配との対決の中で、沖縄の人びとは非暴力抵抗の精神と実績を土着させていった。それを通じて沖縄戦の経験は思想化され、八〇年代になって「命どう宝」という言葉に結晶して行ったのであろう。[2]

「命どう宝」はスローガンではなく、沖縄の経験と闘いのなかから練り上げられてきた思想的な立場であり、同時に認識の用具である。それによって国家のためとか、国民の安全を守るためとかいう国家の言葉がゴマカシであり、基地と軍隊は人殺しの道具に過ぎないという端的な事実がありのままに見えてくるのである。この思想的立脚点は大きい射程をもっていた。六〇年代半ば、沖縄が米国のベトナム戦争の攻撃基地になり、南ベトナムの解放戦線がそれを指摘したとき、沖縄の運動はB52戦略爆撃機の撤去を求めるなど、権利闘争から一歩を踏み出す反戦反基地闘争の性格を帯びてきたと新崎は述べている。米軍基地は「暴力的に押しつけられたものではあるけれど、これとの積極的な闘いを回避するならば、そのことによって、ベトナム戦争の加害者としての位置に立つことにならざるを得ない、という認識が拡がっていった」と新崎は言った。

一九九五年の運動はさらに「命どう宝」を、女性の安全として強力に前面に押し出した。女性への暴力が、軍隊に本質的なものであることは、九五年の事件だけでなく沖縄での米兵による夥しい女性への性犯罪に示されていた。しかし、日本帝国軍隊による南京虐殺における女性へのレ

2 屋嘉比収「歴史を眼差す位置——「命どう宝」という発見」上村忠男編『沖縄の記憶／日本の歴史』(未来社、二〇〇二年)

イプや軍慰安婦という性奴隷化などの性犯罪は問題にされず、隠蔽され、処罰されずにすまされてきた。だが一九九五年、少女への暴力は沈黙で葬られることはなかった。事件の起こったとき世界中から集まった三万人の女性運動・NGOの活動者たちは北京女性会議で女性への暴力との闘いを語っていた。少女（ガール・チャイルド）の権利は、そのなかで独立した議題として取り上げられていた。米兵による少女への暴行は、北京で女性たちが編み上げつつあったこの新しい世界的コンセンサスへの正面からの挑戦だった。北京から帰った沖縄の女性たちは、この事件をそのようなものととらえ、即座に行動を起こした。沖縄の反基地運動の非暴力抵抗の伝統は、ここで家父長制を体現する軍隊に対する女性たちの国境を越えた運動と合流したのである。

この事件をめぐる行動がどれほど深刻な衝撃を米国政府に与えたかは、クリントン大統領が直ちに異例の謝罪声明を出さざるをえなかったことで知られる。この女性たちの行動の中から「軍隊・基地を許さない行動する女たちの会」が生まれ、「米国軍事主義に反対する東アジア・米国・プエルトリコ女性ネットワーク」という国境を越えたダイナミックな運動がつくりだされた。二〇〇〇年の国際会議への報告の中で当時日本軍の性奴隷制を裁く民衆法廷を準備していた故松井やよりは、こう述べていた。

（一九九五年の事件は）女性や子どもの安全が守られない安全保障とは何かという根源的な問いかけをしたのだった。そして、女性たちは沖縄の歴史をもう一度洗い直して、戦争中の「慰安婦」問題を掘り起こし、米軍占領が始まった直後から全島で米兵による強かんがあり、その後も続いたのに隠されていた性暴力の実態を明るみに出す調査活動を始めたのだった。そのように歴史を女性の視点で見直す立場とその原因になっている安全保障のあり方を根本的に問い直すということとはひとつのことである。暴力に満ちた過去を点検することによって、暴力のない未来を創るということこそ、現在に生きる者の責任であることを、沖縄の女性たちは基地という暴力との闘いの中から示している。女性や子どもが強かんや性奴隷制など戦時性暴力の犠牲に二度と再び追い込まれないことが、女性にとっての安全保障の最小限の要件なのだ。それは、軍隊が暴力的装置である以上、軍隊をなくすこと、いいかえれば非軍事的安全保障を追求することではないだろうか。[3]

「命どう宝」＝「民衆の安全保障」は、こうして長い射程と展開能力を備えている。それは抽象概念ではなく、すでに始まっている行動の中に宿り、行動の発展と共に内容を豊富化する。私たちはそのようなものとして民衆の安全保障を提起したのである。

憲法九条と民衆の安全保障

さてこのような文脈の中に日本国憲法九条を置いてみると、そこに規定されている非軍事的安全保障は「命どう宝」＝民衆の安全保障そのものではないか、と読めてくる。日本国憲法前文の

3　高里鈴代『沖縄の女たち——女性の人権と基地・軍隊』（明石書店、一九九六年）

一部――「政府の行為によつて再び戦争の惨禍が起こることのないやうにすることを決意し」――と合わせて九条を読めば、まさにそのようにしか読めないからである。

そうである以上、米国軍事支配下に置かれていた沖縄の民衆の目に、日本国憲法九条が、「命どう宝」を体現するものと映じ、米軍支配からの解放の手だてとしての祖国復帰の大運動が起こったのは当然のことだった。しかしそれは幻想に終わった。戦後日本国家は九条へのリップサービスにもかかわらず、「命どう宝」の原則には立っていなかったからである。一九四五年八月を軍部と戦争からの解放ととらえることのできたヤマト、占領の終わりとともに経済成長の時代に入ることのできたヤマトでは、この憲法九条は本物の試練に会わず、それによって鍛えられることがなかった。沖縄を米軍支配下に置き去りにし、米国の軍事体制と背中合わせに結合しながら、さらにアジアへの戦争犯罪の追及もせず、戦争の最高責任者を自らの象徴として受け入れながら、そのまま平和憲法の下での平和国家と自称していた戦後ヤマトでは、九条平和主義は「命どう宝」の原則性・具体性を貫くことできなかったのである。

とはいえ九条は飾り物であったわけでなく、戦後日本の現実の中でそれなりに軍事化抑制の制度として機能していたし、戦後ヤマトの革新的社会政治運動はそれを自明の拠り所として保守政治との対峙関係を構成していたのである。いまヤマトでは、原則としての九条平和主義のナマクラさにつけこんで、民衆＝ピープルではなく国家を主語として、歴史を書き換え、日本帝国の栄光を復活し、国家安全保障の名の下に米国との軍事一体化を完成させ、軍隊による殺人の権利を復活させるという企てが急速に進められている。九条を中心とする改憲の企てはそのようなものである。

沖縄では、沖縄戦の悲惨な経験は、日本敗戦後の米軍支配との苦難の闘いを通じて二重に総括され、思想化され、「命どう宝」の原則に鍛え上げられた。幸いにしてと言おうか、不幸にしてと言おうか、ヤマト社会は、憲法九条＝民衆の安全保障を原則にまで鍛えなおす試練と必要を免れたのである。

それを原則に鍛えなおす機会は、この原則を憲法の文言上でも抹殺する企てが全面的に進んでいる今、訪れている。ブッシュの反テロ戦争と小泉政権の暴走の中で、米国との軍事一体化、ヤマト全体の軍事基地化、国民保護の名による国家動員体制などが急速に進められ、それと一体化した日本帝国の過去の合理化が、アジアとの関係を無残に破壊しているのが現状である。遅すぎたとは言えない。それに対抗するものとして、今日私たちが「民衆の安全保障」を取り上げ、展開することはこれらすべてにノーと言い、九条原則を原則として試し、鍛え上げる、現実的な力として展開することを意味する。

UNDP「人間の安全保障」への批判

私たちは「民衆の安全保障」という考えをふたつの「安全保障」の考えに対置するものとして提案した。ひとつは国家安全保障であり、もうひとつは当時国連開発プログラム（UNDP）が提唱し始めた「人間の安全保障」(human security)という考えである。後者は一九九五年にコペンハーゲンで開かれた社会発展サミットに向けてＵＮＤＰが提出した「人間発展＝開発」報告書で提案されたもので、冒頭に引用したマーブブ・ウル・ハクはその提唱者であった。[4] 国家を守ることを安全保障として、それへの「国民」の献身を要求する安全保障観を批判する限り、人間の安全保障という国連の考えは大きい前進だと私たちは考えた。しかし人間の安全保障には大きい欠落があるとも考えた。ひとつは自国の軍隊が民衆の安全にとって最大の危険の源になりうるし、多くの国々で現にそうであったことを無視していることである(例えば八〇年代までのアジアではインドネシアからフィリピン、韓国にいたるまで軍事独裁が民衆から安全を奪ってきたのである)。同様に世界の軍事警察としての米国が民衆の安全に直接・間接にもたらす脅威を無視している。しかし私たちが人間の安全保障の最大の弱点だと感じたのは、日常生活における人びとの安全が何より大事だと宣言されているのに、それを保障する基本的なパワーがどこにあるのかを語らず、国家が人間の安全を保障するのだと暗黙の内に前提にしていることだった。つまり、民衆自身が自身の安全を守るもっとも大事な行為者と考えられていないこと、「オブ・ザ・ピープル、フォー・ザ・ピープル」はあっても「バイ・ザ・ピープル」が欠如していることだった。

さらに悪いことに、日本では「人間の安全保障」はおそらくＵＮＤＰの意図からも離れて、もっぱら国内における「テロ対策」、治安維持という文脈で強調されるようになる一方、国際的にはＯＤＡ大綱のなかで紛争、災害、感染症などからの「復興、開発」によって「個人の保護と能力

4　ＵＮＤＰ『人間開発報告書一九九四』(国際協力出版会、一九九四年)

強化」を行なうことで「わが国の安全と繁栄の確保に資する」話に全面的に捻じ曲げられ、利用されるようになった。この考え方では、よくても「人間の安全保障」は国家安全保障の補完物、あるいは有事立法としての国民保護法制が示すように保護の名の下に民衆を軍事行動に動員するシステムの隠れ蓑になってしまうだろう。

民衆の安全保障の道筋

これに対して、「命どう宝」＝憲法九条としての民衆の安全保障は、私たちの安全をまったく別の道筋において構想する。民衆（＝ふつうの人びと）どうしは戦わない、殺しあわない、傷つけあわない、暴力を自制するという道筋である。それは相互の関係の中に暴力を生み出す根拠になる不平等、不正義があるなら、それを克服するという目標をはっきり立て、そのための手立てを探る、相手にたいする自分の行為を反省しながら、共通の基盤を見つけるため努力する、ことを含んでいる。戦争を企て、起こし、戦うのはすべて人間なので、その人間がどう考え、どう動くか、動かないか、それが結局は結果を決定するのである。それは個人の内面だけの問題ではない。「平和は人の心から」というスローガンは正しくもあり誤りでもある。誤りなのは社会構造を変える必要を個人の改心にすり替えているからだ。民衆の安全保障は社会的な広がりをもつ社会的な運動として展開されるし、しうるのである。それが「バイ・ザ・ピープル」であるゆえんである。

ではどのような運動なのか。この運動のカナメは、私たちが壁の向こうに友をつくることにある。言い換えれば、民衆を隔て、集団と集団を対立させている境界を越えてゆく民衆の連合をつくることに帰結する。民衆の安全保障の実体とは、この境界をまたぐ連合そのもののなかに存在する。

現実には、世界は敵対によって引き裂かれている。狭い利害に訴えるナショナリズム、排外主義が国家や国家以外の主体によってかき立てられ、民衆集団全体が憎悪のキャンペーンの罠にかかっていく姿を私たちはとくに九・一一以後の世界で目撃している。この日本で、拉致問題や靖国問題をめぐって、どのような排外主義が権力とマスコミに煽り立てられ主流化してきたかを実感している。民衆の安全保障は、社会内部のそうした傾向と闘うこと、国家の言説と区別される民衆の言説を広め、定着させることを意味している。

民衆を敵対させる壁は双方から越えられなければならないけれど、そこにはふたつの条件が必要だ。第一は、民衆の連合の形成は、不平等、ある集団による他の集団の支配、その他社会正義の障害となる関係が、非暴力的な仕方で解決のプロセスに引き入れられるとき始めて可能になるということである。つまり、それは変革的プロセスでなければならず、支配・被支配、搾取・被搾取などの関係をそのままにしておいて妥協を強制することであってはならないだろう。第二に、このプロセスは、現在だけでなく過去ともかかわるという点である。つまり不正義の歴史的な遺産、とくに植民地化と戦争からひきつがれた不正義を正すことが、将来の関係の基礎として必要だ。靖国参拝を外交問題にするのは許さないなどという日本国首相小泉純一郎の傲慢な開き直りを容認した上に、日中民衆のどんな連合も展望できないことは明らかだ。

出現し力を増す潮流——九条はいたるところに自生している

だが民衆の安全保障をこのように展望することに現実性があるのだろうか。よく目をこらすなら、民衆の安全保障は、すでに動き出している潮流——まだ主流になってはいないが、アメリカ帝国の世界支配の企てのぶざまな挫折のプロセスのなかで、これからますます輪郭を際立たせてくる潮流——のなかにその姿を現していることが分かるだろう。イラク戦争開戦時の一千万人の全世界的デモや世界社会フォーラムという形でのグローバルな民衆の結集などは、世界民衆がみずからの安全保障の主体となっていくための一般的な基盤を表している。それを背景に、私たちは人種浄化による殺戮の荒れ狂った旧ユーゴスラビアから、地域・宗教紛争に引き裂かれたスハルト後のインドネシアから、国家の核と原理主義の暴力に苦しむ南アジアから、米軍の介入で内戦がいっそう激化したミンダナオから、平和と正義を同時に求める威厳のある声を聞いてきた。インド・非軍事化を要求し、暴力の廃絶を求めるこれらの声は多く女性の運動から届いている。インド・フェミニスト団体の共同声明は、ブッシュの反テロ戦争に反対し、地球上のあらゆる原理主義に反対し、戦争は家父長制であると宣言した。「これは私たちの戦争ではない。私たちは明確に拒否する。私たちはこの戦争を支持しない。それどころか、この戦争が私たちから奪おうとしてい

るのはもっとも基本的な権利——生存権である[5]

　これはインドの土壌から力強く発芽した「命どう宝」の主張ではないか。そして遠く離れたインドの現実のなかから自生的に再確認された平和的生存権ではないか。私たちは目をこらし、耳を研ぎ澄ませば、苦難する今日の世界のいたるところに九条平和原理が自生しつつあることを確認することができるのである。

「民衆の安全保障」は民衆が行動によって政府の政策を平和の方向に変えさせることができるだけでなく、民衆自身が現実であり、状況それ自身でもあるということに究極の根拠を持っていると私は考えている。圧倒的多数の民衆が反対するか非協力であれば政府は戦争することができないのである。かつて韓国は北朝鮮との反共対決に韓国民をイデオロギー的に動員することができた。北朝鮮国家も同様であっただろう。しかしこの状況は完全に変わった。二〇〇二年の二人の少女が米軍車両にひき殺された事件を転換点に、韓国の世論において「危険とか脅威とかの認識が根本的に変化」し、「北朝鮮より米国の方が地域の平和への脅威」であると感じるようになったと、フランシス・リー・デーフンは指摘している。[6] 一九八〇年代以来南北間で、とくに南の民間人によって進められた交流と対話、そして南の下からの民主化の成果として、「冷戦スタイルの対決政治を非正統化し、平和と平和的統一の言説を高い倫理的地位につける」プロセスが起こったとリーは説く。北朝鮮には韓国のような仕方で世論が状況を作る仕組みは存在しないので、この状況変化は一方的であると見ることもできるが、必ずしもそうではないのである。北朝鮮の

5　松井やより編『地球をめぐる女たちの反戦の声——テロも戦争もない二一世紀を』（明石書店、二〇〇一年）

6　フランシス・リー・デーフン「帝国の無知と傲慢」季刊『ピープルズ・プラン』No.23（二〇〇三年夏）

態度変化を含めて現実には南北の対立・抗争激化を通じる南北戦争の見通しはほとんどなくなったのである。政府の政策と民衆の下からの力という二つの要因に媒介されてこの状況が生じているのである。米国が北朝鮮に軍事侵略したくても、韓国の参加はもはや期待できない。米国は、単独で（それとも日本だけを道連れにして）戦うしかないであろう。

朝鮮半島の現状をそのまま「民衆の安全保障」のモデルと見ることはできない。目指されるべき「民衆の安全保障」のアジェンダはもっと広範囲である。だがそこには民衆の規定力が明確に示されていて、それが民衆の安全保障が理想主義的な夢であるとする揶揄や批判を十分に論破しているのだ。逆に排外主義に動員された民衆は暴力と戦争の主体となることも明らかなのである。

憲法九条をめぐる攻防は、戦前帝国の復権やアメリカ帝国への忠誠を非正統化し、非軍事化と平和的生存権、アジア民衆との共存関係の獲得を「高い倫理的地位につける」かどうかをめぐる争いである。小泉政権の下、排外主義右翼はのさばり返っているけれど、戦後六十年の平和と民主主義の慣性はいまだに働いている。それを慣性にとどめず、いまいちど活性化すること――憲法九条を原則として試すこと――によって、改憲の企みを砕くだけでなく、次の展望――もうひとつの日本列島社会――を開くことができるだろう。

第3章

「世論」の動向に寄り添うのではなく、それを変えさせる努力が必要なのだ
――「平和基本法」提案と坂本義和さんの論を手がかりに

吉川 勇一

よしかわ ゆういち
1931年生。50年代以来反戦運動に参加。60〜70年代は「ベ平連」、現在は「市民の意見30の会・東京」で活動。

「再挑戦」という「平和基本法」の再提案

古関彰一さん、前田哲男さん、山口二郎さん、和田春樹さんら九人の知識人の連名による最初の「平和基本法」提案が出されたのは、一九九三年の四月だった。この提案は、その中で「あるべき自衛権行使のかたち」として、さまざまな限定を付すものの「最小限防御力」の保持を認めたものであり、かつその提案者たちが、「おそらくもっとも良心的で影響力のあるハト派」[1]であったことから、そのときは、運動圏の中で、かなりの衝撃と反響をよんだ。

一九五〇年代に警察予備隊がつくられて、日本の再軍備が開始されて以来、この国の反戦運動では、自衛隊の存在が違憲であり、日本の安全は、日米安保条約や自衛隊の存在によって保障されるものではなく、日米安保体制は解消すべきであり、自衛隊も解体されるべきだ、という主張が主流だった。一九五〇年代初頭の平和問題談話会による三度の声明で提起された日本の非武装・中立の構想が、労働運動をはじめ、政界でも野党の主張に大きな影響を与えていた。憲法学界においても「憲法九条をめぐる論議が出てきたときの一番の争点は、『自衛隊は違憲かどうか』であり、憲法学者が最も力説したのは『自衛隊違憲』論」だった。[2]

それだけに、「平和基本法」提案に対して運動側から出された反応は、大部分が批判的なものだった。

ひとつは、それがいう「最小限防衛力」構想なるものが、明らかに違憲の存在である自衛隊を承認し、結局は現状の追認とさらに憲法九条の事実上の改変への道を用意するものだという批判、そ

1　武藤一羊「なぜ、どのように『国連』批判なのか」派兵チェック編集委員会編『「非武装国家」の現在的意味を考える——「平和基本法」構想を問う』(一九九三年)一九頁

2　坂本義和「憲法をめぐる二重基準を超えて——いま、何を原点とするか」『世界』七四三号(岩波書店、二〇〇五年九月)四九頁

して「最小限」であれ、「最低限」であれ、この国が「防衛力」＝軍隊を持つことに対する原理的批判である。

もうひとつは、運動の側から「現実的」政策提言をすること、あるいは「現実的」オルタナティブ（代替案）を提唱することが、ベトナム戦争初期のアメリカの「ブライト・アンド・ブライテスト」の学者・研究者のたどった道と同じように、結局は為政者の思惑の中に取り込まれ、利用されるだけだという批判である。その主要ないくつかの論は、文末に列記した。

自衛隊の存在を違憲とし、かつ、そもそもこの国の安全の保障には、軍事力は不要であり、非武装に徹するべきだとする立場からの「平和基本法」構想への原理的批判は、これらでほとんど論じつくされていると言ってもいいだろう。

ところが、二〇〇五年の六月、再度、その提案がくりかえされた。今回は、最初の提案者九人のうちのさきに名をあげた四人の連名によって出された「共同提言　憲法九条維持のもとで、いかなる安全保障政策が可能か――『平和基本法』の再挑戦」[3]である。このピープルズ・プラン研究所のシリーズに、「平和基本法」問題がとりあげられることになったのも、そのためなのであろう。この再提案についても、たとえば、茅刈拓さんの「『平和基本法の再挑戦』を批判する」（『かけはし』二〇〇五年五月二三日号）などの批判がすでに出されている。

「平和基本法」路線への支持層の拡大

3　小関彰一、前田哲男、山口二郎、和田春樹「共同提言　憲法九条維持のもとで、いかなる安全保障政策が可能か――『平和基本法』の再挑戦」『世界』七四〇号（二〇〇五年六月）

だが、最初の案が出されたときと、今回とでは、かなりおかれた状況が違っている。現在では、労働組合や反戦運動のなかでも、この提案を受け入れる層、この提案とほとんど同じように、自衛隊の存在や自衛権を承認した上で、憲法九条の改変には反対するという層がかなり増大しているからである。

日教組、自治労など旧総評系の労組が主流を成す「平和フォーラム」も、二〇〇五年五月三日の憲法記念日には、例年日比谷公会堂で開催されてきた護憲集会にぶつけて、平和基本法路線を正面から打ち出す別個の集会「憲法と平和を考える」を開催した。日比谷のほうの集会では、共産党の志位委員長と並んで社民党の福島委員長も出席、発言しているが、その社民党も、「社民党総合政策ガイド二〇〇五」の中で、「①憲法の理念に基づく安全保障政策を実現するために、「平和基本法」を制定し、肥大化した自衛隊の規模や装備を必要最小限の水準に縮小します。非軍事的手段による安全保障政策の実現を目指します。②専守防衛の理念を厳守し、攻撃的な装備の保有は控えます。……」など、この構想を認め、同一路線に立っている。[4]

自治労が二〇〇五年八月に鹿児島で開いた第七十六回定期大会においては、「平和基本法（仮称）」を制定し、自衛隊を①国土警備、②国際貢献、③災害救援・復旧の別個の三組織に再編し、その①国土警備は「国際法上明記されている主権国家の『個別的自衛権』を前提とした『最小限防御力』」であるとした方針が本部から提案された。和田さんたちの「平和基本法」構想とほとんど同一といっていい（もっともこの大会では、各地の代議員から提案に対し反対や疑念の意見が強

4　本稿の最終校正段階になって、社民党はその大会（二月一一日）で綱領的文書「社会民主党宣言」を採択した。この文書は、自衛隊の現状は「明らかに違憲状態にある」と明記し、九四年の村山政権下での自衛隊合憲規定を大きく修正した。それによると自衛隊の「縮小を図り、国境警備・災害救助・国際協力などの任務別組織に改編・解消して非武装の日本を目指す」とされる。この転換は遅きに失したとはいえ、歓迎すべきものである。今後のさらなる詳細な構想提示と、その具体化のための運動論の展開を待ちたい。

く表明され、②の国際貢献は「非軍事を原則とする別組織の創設をもって対応」と改めた上で採択、また、七月に出された連合の「安全保障基本法」案などに対しては自治労として意見書を出すことにもなった。沖縄、宮城、新潟、富山など、自治労の各地方組織にはかなり強い批判勢力が存在している)。日教組も、自治労とまったく同じ方向をたどっている。最初の「平和基本法」が提案された際、国富建治さんは、自治労の動きなどを紹介して、旧総評センター系単産がおしなべて「護憲的改憲」方針に右へならえをすることになるだろうと警告していたが[5]、事態はまさにそのように進んでいる。「再挑戦」提案は、その動きをさらに加速することになるだろう。

労働組合ばかりでなく、各地の軍事基地の周辺にあって、基地反対運動の中で大きな役割を果たしてきた反戦運動のグループ（全部とは言えないが、「キャッチピース」系の運動の一部）も、そういう傾向を強めているように私には思える。

運動圏とは別に、政治学界でも同様に、そういう主張を唱える研究者が多数をしめつつあるようだ。さきにのべたように、当初、憲法学者が最も力説したのは「自衛隊違憲」論だったのだが、「しかし、今日では、憲法学者でも、『自衛隊違憲』を改憲反対論の第一の焦点として打ち出す人は、あまり見られなくなり……最近の護憲論は、自衛隊反対に重点を置いてはおらず、日本が『戦争ができる国』になることに反対するというように論点を移してい」るという[6]。事実、現在、憲法九条の改変に反対の論客として登場している憲法学者には、長谷部恭男さん、藤原帰一さん、あるいは小林正弥さんなど、自衛隊合憲、存在容認の説を唱える人が多くなっている。

5　国富建治「九条改憲を許さない新しい政治運動を」『月刊フォーラム』一九九三年七月号

6　前掲、坂本論文（註2）

したがって、現在必要になっていることは、「平和基本法」構想や、この六月の再提案自体にしぼっての検討や批判というよりも、こういう状況をもたらす運動側の問題点はどこにあるのか、運動はこういう状況の中で今後なにをめざすべきかという議論のように思える。

世論の動向によりそう運動路線

「最小限」にせよ、この国の防衛のために軍事力の保有を認めると立場を移行させている運動体は、かつては否定していたことがなぜいま必要になっているかの根拠をあまり積極的には主張していない。そこにあるのは、ひたすら「世間」の大勢への順応と現状の維持を望んで、右へ右へと位置を移動させてゆく世論に向き合って、それを転換させてゆこうという努力ではなく、世論の大勢がそうだから、それに対抗してはまずい、という保守的な判断だけなのだろう。

ただ、この点について、『平和基本法』の再挑戦」では、「国際テロ組織はかなりの資金力をもち、武装をし、化学兵器などを用いる可能性も指摘されている。日本の場合、欧米と異なり銃砲の所持が禁じられており、陸の国境線がないことから、国際テロ組織は海と空から侵入すると考えられる。この点の備えは十分にしなければならない[7]」とのべ、その必要性の異常なまでともいえる強調ぶりには驚かされる。世論の不安感、脅威感をあおっているとさえ言えるだろう。

だが、提案者の一人である前田哲男さんは、二〇〇五年の五月三日のシンポジウム「憲法と平和を考える」での報告「いま、なぜ平和基本法か——その意義と課題——[8]」の中で、「真の脅威

7 前掲、共同提言（註3）一〇七頁

8 前田哲男「いま、なぜ平和基本法か——その意義と課題——」（「平和フォーラム」のサイトに掲載。www.peace-forum.com/goken/050503maeda.pdf）

は外国からの侵略ではない。『武力攻撃事態』は、冷戦が終結し、ソ連が崩壊したいま、ほとんど想定できない。よく活用（ママ）されるのは、北朝鮮の脅威であるが、これも日本を侵略する力はなく、むしろミサイル発射や工作員の浸透などが脅威として考えられる。こうした脅威に対して、軍事的な対応は難しく、またコストも膨大である。むしろ外交的な対応こそが効果的である。」と述べており、だいぶ、「再挑戦」とはニュアンスを異にする。

前田哲男さんは、この「平和基本法」提案の意図をかなり明確にのべている。先に引用した二〇〇五年五月三日のシンポジウムの報告の中の「Ⅳ＊『最小限防御力』についての補足的説明」で、前田さんは、これが「原理の提示」ではなく、「国民への説得性の獲得」と考えてほしいとして、つぎのように言う。

なぜ最小限防御力を持つか？　本当に国民の安全を守るために武装した力が必要であろうか。本格的な侵略であれば最小限防御力では防ぎきれず、本格的な侵略がないとするなら最小限防御力であっても不要である。完全な非武装こそが理想であることには私たちも同意する。しかし、第一に非武装の状態とはどのような状態か想定が難しく（警察、海上保安庁は武装している）、第二に国民、政府の不安感、脅威感は無視できない。過度の理想主義は、反動を呼び起こす可能性がある。現在日本国民の世論において、非武装派は少数であろう。

しかし重武装化、軍事化して地球上どこまでも行ってよいという世論も少数であろう。とすれば、現実にある武力をひとまず安心の担保とし、縮小・再編する方向を確定し、目指すのが現実的であると考える。したがって、この提言は、原理の提示ではなく、政策の可能性の提示、国民への説得性の獲得と考えて欲しい。「なすべきこと」と「なしうること」を区別し、「対立する状況を生きる」政策模索の一モデルである。

つまりは、国民世論が、自衛隊の必要性を認めており、絶対非武装への支持を獲得することが難しいから、そこは妥協して一歩後退したところに、護憲の防衛ラインを引こうというのであろう。「過度の理想主義は反動を呼び起こす可能性がある」と前田さんは言うが、戦後数十年にわたって私たちが保持してきた日本国憲法の前文と九条は「過度の理想主義」であり、それが現在の小泉政権や石原都知事の言動のような反動を呼び起こしたのであろうか。そこは十分に説明されていない。

そもそも、日本国憲法自体が、戦争の完全な放棄と軍備の全廃を唱えた、きわめて理想主義的なものだと指摘する意見もある。古沢宣慶さんは、竹内芳郎さんの『国家の原理と反戦の論理』を引用しながら、国家と暴力装置が不可分であるのだから「平和国家」なる概念自体が自己矛盾なのだとして、日本国憲法の世界史に前例のない理想主義的性格を強調している。[9]「過度の理想主義は反動を呼び起こす可能性がある」とするなら、この憲法は、最初から支持すべきものではなかった、ということにさえなってしまうだろう。世論の動向に妥協し、寄り添うことが現実的

9 古沢宣慶「絶対平和の理想主義」『一羽のつばめ』No.60（一九九三年五月三日号）

であるという主張は、こうして無限の後退をもたらすだけではないだろうか。
この点では、多くの政治学者も同じだ。たとえば、坂本義和さんは、すでに一九八八年に、以下のように述べている。

……したがって、自衛隊が絶対に必要だとは考えませんが、しかし国民の多数が、心理的な安全感のためのものであるにしろ、何らかの国家レヴェルの防衛組織があることを望むのであれば、それをまったくゼロにしなくてはいけないという考え方は、必ずしも私はとらない。[10]

また、防衛のための「障壁機能」の軍事力について、坂本さんは「この壁をどの程度に密度の高いものにするかは、世論にしたがって決めればよいと思います」とも言っている。[11]
これらの姿勢は、真理を探究し、民衆に向かって自己の信ずる理論を提示するという知識人の責任を、世論なるものの動向に丸投げしてしまっているのではないだろうか。現に、先に引用した今年の論文、「憲法をめぐる二重基準を超えて」の中で、坂本さんは、現在、憲法学者が「自衛隊違憲」を改憲反対論の第一の焦点として打ち出す人があまり見られなくなった事情を、「それは、いま言ったような世論の変化と対応しているのかもしれません」と説明している。[12] 世論の変化に対応して、研究者や知識人が、その主張を後退させたり、変化させたのでは、何が知識人かと言わざるを得なくなる。

10 坂本義和『新版 軍縮の政治学』（岩波新書、一九九八年）一五三頁
11 同 一五三―一五四頁
12 前掲、坂本論文（註2）四九頁

運動とは世論を変えさせることのはず

だが、状況から見れば、一見、「過度の理想主義」のように世論には受けとられるような判断や提案であろうとも、それがあとになってみれば、きわめて妥当で、合理的な、先駆的判断や提案であったという実例は、幾多も存在する。たとえば、坂本義和さんは、「平和問題談話会」の一九五〇年の全面講和論の提唱を高く評価する。和田春樹さんはこの立場を「ユートピア平和主義」だとするのだが、[13]坂本さんは、その提案について「それは、世界のほとんどの政治指導者や理論家が、平和共存の可能性に絶望しかかっていた時期でした。だがそれから一〇年後、二〇年後の歴史をみれば、ここで打ち出された、荒野に叫ぶ孤独な声のような、『平和共存は可能である』という理論と洞察が、国際的基準からいっても、いかに優れた理論的な先見性をもっていたかということは、だれも否定できないと思います」と語っている。[14]

最初の「平和基本法」提案が出された以後のことだったが、私は、「理想主義」「ユートピア平和主義」と「現実主義」との関係について、和田春樹さんと論争をやりとりしたことがある。[15]その中で私は、「ユートピア的」という表現が、単なる「分析」や「性格規定」ではなく、非難の意味があるとしか受けとれないと述べて和田さんを批判し、和田さん自身の以前の言葉を引用しつつ、次のように述べた。

13 和田春樹『朝鮮戦争』(岩波書店、一九九五年)

14 前掲、『新版 軍縮の政治学』(註10)一二二—一二三頁

15 『市民の意見30の会・東京ニュース』No.28(一九九五年三月二五日号)、No.30(一九九五年八月一〇日号)、No.33(一九九五年一一月三〇日号)、No.35(一九九六年三月三一日号)

ベトナム戦争下の一九七二年、神奈川県相模原の米軍補給廠からベトナムへの戦車輸送に反対する運動が展開されました。その闘争について、かつて和田さんは「相模補給廠を止めることは、義務だと思えた。しかし、それは夢物語であった」と書かれ、そして「村雨作戦」で、「夢物語が現実となったのである」と続けられました（『エコノミスト』一九七二年一一月二一日号）。つまり、あの闘争は、「夢」（ユートピア）を「現実」に変えたわけです。とすれば、運動を「ユートピア的」と「現実的」に分ける意味はなくなります。[16]

とすれば、「平和基本法」提案が「原理の提示ではなく、政策の可能性の提示、国民への説得性の獲得」だとし、「なすべきこと」としてではなく、「なしうること」だとする前田さんの意見も、かなり基準の曖昧な区別だということになる。そもそも、政治的課題をもった運動とは、現在では実現していない目標を達成するために、世論を味方につけて政治を変えさせるためのものであり、その際、世論とは、運動の目標を定める基準ではなく、運動によって変えさせようとする対象のはずだ。現状のままの世論の支持を得ようとして、自己の原理的主張を変えたり、下げたりすることは、ひたすら後退するだけになる。

もちろん、運動体が自らの基本的原理として掲げるものと、実際に行動として提起するものとの区別をすることは必要である。たとえば、現に私のもっぱら依拠して活動している「市民の意見30の会・東京」の立場と、それが現在主力をおいている行動――自衛隊のイラクからの撤兵を

16　吉川勇一「『現実的』と『ユートピア的』をめぐって――和田春樹氏の『反論』への再反論」『市民の意見30の会・東京ニュース』No.33（一九九五年一一月三〇日号）

求め、憲法改悪に反対してたびたび繰り返している意見広告運動との関係など、その具体例のひとつだろう。

「市民の意見30の会・東京」は、これまで何度も行なわれてきた市民意見広告運動に全面的に賛同・協力してきた。これまでの運動は、九人の著名人の呼びかけによる「九条の会」のアピールを支持し、九条の改変に反対であること、自衛隊のイラクへの派兵に反対し、その即時撤兵の要求を主張するものだった。憲法、とくに九条を変えてはならないという意見の人はたくさんいるが、しかし、それらの人びとがすべて結集して意見を表明しているという状況にはまだなっていない。表現されない意見は、存在しないとみなされ、世論とはならない。こうした潜在的意見を表面化させ、はっきりとした主張として世間に明らかにする上で、意見広告運動は大きな役割を果たしてきたし、今後もその役割は必要である。現在も、二〇〇六年の五月三日の掲載へ向けて第五期の意見広告運動が進行中である。

これまでの意見広告では、「国際紛争は武力では解決できない」ということは主張してきたが、「日本の自衛力はいらない」「自衛隊は必要ない」という主張を掲げてはこなかった。それは、今とりあえず必要なことが、先に述べたように、憲法九条を変えるべきではないという意見の人びと、心の中ではそう思っていても、それを表現する手段を見出せない人びとを結びつけることだと考えてきたからだ。したがって、これまでの意見広告運動の参加者の中にも、「九条を守ることは大切だが、自衛隊も必要と思う」という意見の人びとも含まれているだろう。

だが「市民の意見30の会・東京」の立場は、これまでの意見広告で主張されてきたことにとどまらない。この会の発足のときに掲げた「日本を変えよう、市民の意見30」では、その第二六項で、「憲法第九条の実現をめざせ。まず日米安保条約をやめ、米軍基地を撤去し、軍事予算を削減し、自衛隊をなくせ」とはっきりと主張しているし、その後、日米安保条約をやめて「日米平和友好条約」を結べという提唱もしている。[17] それで、「市民の意見30の会・東京」は、九条の改変に反対する運動に全面的に参加すると同時に、その中では、自衛隊はいらない、絶対非武装の日本をつくれ、ということを独自に主張している。

したがっていつでも原理だけふりまわしていればいいというのでは決してないが、原理を捨てたり、後退させてはならず、原理の問題としてはたえず提起し、「現実」、あるいはそれに流されて行く「世論」なるものを、そこに近づけるための営為が必要なのであり、運動の立場としては、そのことが当然なはずである。研究者、学者にとっても客観的な分析と判断を重んじ、将来への冷静な見通しを提示しようというのであれば、同様な姿勢が求められるだろう。世論は「既成事実」というものに弱い。そしてマスコミはとりわけ弱い。最近の大新聞や論壇雑誌などの論調や編集態度には驚くばかりだが、しかし、それを批判するだけではあまり意味がない。「既成事実」に弱い世論やマスコミを都合のよいように変えさせるためにも、為政者は既成事実を積み重ねてゆく。だから、自衛隊の存在は認めるが、これ以上の拡大は望まないとする意見が国民の大多数でありながら、この「これ以上」という状態が絶えず以前より拡大されているわけだから、世論

17　三十項目の提言は、『市民の意見30の会・東京ニュース』No.87（二〇〇四年一二月号）に、また、「日米平和友好条約」案文は、同No.86（二〇〇四年一〇月号）に再録されている。

はひたすら拡大を続ける軍事力を追認してゆく結果となる。

　したがって、九条の改変に反対し、それを擁護するということは、軍隊を持つことによって「非武装の不安感、脅威感」をなくさせようとするのではなく、非武装こそが脅威をなくす方法なのだということを主張し、「少数である非武装派」を多数派に転化させる努力でなければならない。

改憲賛成の人びとを反改憲派にさせる努力

　すでにのべたように、反改憲の意見広告運動は、潜在していた反改憲の意見を顕在化させ、結集して目に見える形で表現するようにさせるひとつの道筋を提供するものであり、これまで、回を重ねるごとに賛同者も賛同金も驚くほど増大し続けており、成功してきたと言える。反改憲の世論の結集という点では、いま四千を越えたともいわれる「九条の会」の活動もその役割をはたしていると言えるだろう。だが、それらは、自衛力が必要であり、「最小限」にせよ軍事力も必要だとする人びとの意見を変えるという活動にはなっていない。改憲論者の中に、これまでに出された意見広告を見て、やはり軍事力は不必要だというように見解を変えた人が多くいるとは思えない。井上澄夫さんは、市民の反改憲意見広告運動の経過をまとめた文の中で、「日本人の平和力にはまだまだ余力がある」とのべた。また、はじめに引用した茅刈拓さんの「平和基本法の再挑戦」批判の文も、意見広告運動にふれて「民衆の平和意識は依然として潜勢力を備えている」とのべている。だが、高橋武智さんは、この「余力」の、「その大きな部分は、ともすれば被害者としての戦争体験に傾きがちな高齢者の手中に握られた財産ではないか」と警告している。[18]

したがって、これからの運動は、反改憲勢力の結集だけでなく、改憲必要論の人びとをどう説得し、反改憲の側に転換させるかの努力にかからねばならぬだろう。

「余力」を結集し、「潜勢力」を備えた平和意識を顕在化させることは、まず必要なことである点は言うまでもないが、しかし、それ自体は「世論のねじれ」（『朝日新聞』二〇〇五年五月三日の世論調査結果）や歪みを正すわけではない。運動はまさに、この「ねじれ」にどう切り込み、その「ねじれ」や「ゆがみ」を、運動の主張する方向へと転換させてゆくのかの努力が求められているのである。意見広告運動の今後の方法としては、たとえば、これまで掲載してきた『朝日』、『毎日』だけでなく、『読売』や『産経』にも掲載し、そこでは、疑問や反論を歓迎するとして、以後の討論を呼びかけ、そのやりとりを広く公表してゆくなどということも考えられるだろう。

世論を操作する上で政府がとってきた策略は、ひとつは「一国平和主義ではなく、国際貢献のためにはカンボジアPKO部隊やイラク派兵のように、軍事力を国外にも出して国際的な協力（実際にはアメリカだけとの協力）に加わることだ」という宣伝と、「ならず者国家」による攻撃や侵略の危険性が増大している、とりわけ北朝鮮のミサイル脅威や拉致事件を大規模に宣伝して不安感を煽り立てることであった。今後の運動は、そうした政府の主張が、事実を隠したり、歪めたり、あるいは誇張したりしたものであることを、もっと具体的に人びとに訴えてゆく必要がある。たとえば、バグダッドなどで井戸を掘り続けている日本の市民運動の活動の実態を知れば、

18　高橋武智「加害を心に刻むこと・ドイツの教訓」『市民の意見30の会・東京ニュース』No.91（一九九五年八月一日号）

それが自衛隊の行なっている「給水活動」などと質的に異なった真の国際貢献、イラク民衆への支援となっているかが理解されてゆくであろうし、「北朝鮮の脅威」なるものも、前田さん自身も言われるように、武力を持つことによって安全が保障されるのではないことを、もっと明確に主張してゆくことが必要である。

その点では、これまであまり論じられてこなかった市民的不服従、非暴力抵抗の問題も重視されなければならない。坂本義和さんは、さきの『軍縮の政治学』の中で、「市民の非暴力抵抗ほど明瞭な自衛はない」とのべ、「自衛権とか自衛力という場合に、その理想的な形というのは、市民の非暴力抵抗組織なのです。その意味で、自衛の論理を徹底していけば、非暴力抵抗にいきつかざるを得ないのではないかと思うのです」としている。[19] これを具体的、積極的に展開したのが、宮田光雄さんと小林直樹さんの論であった。[20]

長谷部恭男さんは、「組織的不服従運動が実効的に平和を回復する手段となるかは疑わしい」としている。[21] 市民的不服従や非暴力抵抗は、冷戦時代、ソ連が核兵器を持っていて、戦争になったならば全面核戦争になって人類破滅の危険性さえあった時代に有効だった戦術であって、今、社会主義政権が崩壊して冷戦構造がなくなり、その代わりに民族間対立やあるいは無謀なことをやる「ならず者国家」などが出現している、そういうときにはもはや有効ではない、とする政治学者も少なくない。

果たしてそうなのであろうか。寺島俊穂さんは、今こそ非暴力抵抗が必要だとして、「非暴力

19 前掲、『新版 軍縮の政治学』(註10)一六四―一六五頁

20 宮田光雄『非武装国民抵抗の思想』(岩波新書、一九七一年)、『いま日本人であること』(岩波同時代ライブラリー、一九九二年)、小林直樹『憲法第九条』(岩波新書、一九九二年)

21 長谷部恭男『憲法と平和を問いなおす』(ちくま新書、二〇〇四年)一六六頁

的防衛」を提唱している。[22] だが、こうした問題についての論議は残念ながら、ほとんど行なわれてきていない。この点については、すでに別のところで論じたので、ここではこれ以上ふれない。[23]

憲法問題や自衛隊問題と同様に、日米安保体制についても同じことを言わねばならない。小林正弥さんの論には、日米安保条約も沖縄も基地問題もまったく出てこない、そういう問題が存在しないかのようだ。「平和基本法」でも、日米安保は出てこない。現在、米軍再編をめぐって大きく揺れている全国の基地周辺の自治体の長も、基地の強化には反対し、地位協定への批判はしても、決して安保条約自体については触れようとしない。日米安保はタブーになってしまっている。だが、安保があるからこそ、米軍の世界戦略に組み込まれ、日本の軍隊が世界のどこにでも派遣されるような危険が増大しているのだということは説得力を持ちうるはずである。私たち「市民の意見30の会」は、日米平和友好条約の提案をしている。運動の中で、これがほとんど注目されていないのは残念だ。[24]

最後に、こうした世論へ向けての働きかけの際に、もうひとつ大きく考慮すべきものがあるように、私には最近、思えてきた。それは、人びとの考えを変えるようにする上で、論理的な説得だけでいいのだろうか、という問題である。世論が既成事実というものにきわめて弱いということ、いかに論理的に説得を試みても、なかなか相手を説得できず、平等な討論、意見の交換が成立しないという問題に、どう対処したらいいのかを考える上で、私は、最近読んだ阿部謹也さんの「世間」についての一連の論考（たとえば『「世間」への旅』筑摩書房、二〇〇五年）や佐藤直樹

22 寺島俊穂『市民的不服従』（風行社、二〇〇四年）二三九―三一八頁

23 「反戦と抵抗の祭〈フェスタ〉・記録集」刊行委員会『反戦と抵抗の祭〈フェスタ〉・記録集』（二〇〇五年）一二四―一二五頁

24 二〇〇六年二月に発行された派兵チェック編集委員会編のパンフレット『今こそ日米〈安保〉同盟を問う!!』には、この日米平和友好条約案の全文が収録されている。

さんの『世間の目』（光文社、二〇〇四年）などの「世間」というものへの考察に考えさせられている。西欧型市民社会の基準からすればかなり非合理的、非論理的な側面をもつこの日本独特の「世間」の中におかれている運動としては、原理を論理的に展開し、現実妥協案や後退防衛論を批判しただけでは、既成事実の圧力を跳ね返し、巻き返すことが難しいのではないかということである。これは、ビラの書き方だの、デモの仕方の工夫だのといった運動の表現方法上の技術的工夫のレベルにとどまる問題ではない。広くさまざまな分野の文化活動全体と提携しての、もっと根本的・総合的な努力が探求されなければならないのではないか、と思ってきているのだが、それはこの報告の範囲をかなり超えるので、問題の提起だけにとどめたい。

「平和基本法」構想への批判文献

天野恵一「曖昧という政治トリックに満ちた提案の役割——あらためて『平和基本法』構想批判」『派兵チェック』No.14（一九九三年一一月一五日号）
国富建治「九条改憲を許さない新しい政治運動を」『月刊フォーラム』一九九三年七月号
田中重信「派兵国家体制と『平和基本法』」『派兵チェック』No.8（一九九三年五月一五日号）
古沢宣慶「『平和基本法』批判」『市民の意見30の会・東京ニュース』No.15（一九九三年五月二五日号）
前田哲男・伊藤成彦・武藤一羊・剣持一巳（司会天野恵一）「【徹底討論】国連・憲法・『平和基本法』を問う」『月刊フォーラム』一九九三年一〇月号

派兵チェック編集委員会編『「非武装国家」の現在的意味を考える――「平和基本法」構想を問う』（一九九三年）所載の日高六郎、武藤一羊、太田昌国、天野恵一さんらの論

憲法学界からの批判的検討としては、『憲法改正批判』（労働旬報社、一九九四年）、とくにその中の第2章、三輪隆「平和基本法構想と改憲の新しい方法」が詳しい。

第4章

日本国憲法の平和主義を捉え直す

君島 東彦

きみじま あきひこ
1958年生。立命館大学国際関係学部教員。国際NGO「非暴力平和隊」の設立・運営にかかわる。

はじめに

本稿は、日本国憲法の平和主義を捉え直す試みである。本稿はしかし、日本国憲法を裁判規範として重視して、裁判官を説得するための憲法解釈を展開しようとするものではない。違憲審査制のもとで、憲法は確かに裁判規範であり、それは憲法の重要な側面ではあるが、それにとどまるものではない。憲法は思想を表現しており、憲法は正義論であり、憲法は政治共同体の政策を方向づける。本稿は憲法のそのような側面に焦点を当てて、日本国憲法の平和主義を捉え直そうとするものである。一九四六年に制定されて以来、日本国憲法の平和主義について理論の蓄積があるが、[1]本稿は二〇〇六年の時点において、平和学の視点、東アジアの視点、そしてＮＧＯの視点から、新たな光を当ててみたいと思う。そして最後に、日本国憲法九条二項とはいったい何であるのか、改めて考えることにする。

Ⅰ　平和学からみた日本国憲法

現在、平和について科学的、学問的に考えるとき、平和学の成果、到達点を踏まえることが要求されると思われる。それは憲法の平和主義について考えるときにもいえることである。五十年の歴史を持つ平和学の成果、到達点は無視できないものである。

まず現在の平和学の共通認識として、こういうことが言えるだろう。[2]平和の実現とは暴力の克服

1　とりわけ次のものが挙げられる。小林直樹『憲法第九条』（岩波新書、一九八二年）、深瀬忠一『戦争放棄と平和的生存権』（岩波書店、一九八七年）、山内敏弘『平和憲法の理論』（日本評論社、一九九二年）、水島朝穂『武力なき平和』（岩波書店、一九九七年）、深瀬忠一・杉原泰雄・樋口陽一・浦田賢治編『恒久世界平和のために――日本国憲法からの提言』（勁草書房、一九九八年）

2　ヨハン・ガルトゥング「暴力、平和、平和研究」（一九六九年）ヨハン・ガルトゥング／高柳先男・塩屋保・酒井由美子訳『構造的暴力と平和』（中央大学出版部、一九九一年）一頁

であるが、われわれが克服すべき暴力には戦争のような直接的暴力の他にも、構造的暴力がある。構造的暴力とは、社会構造の中に組み込まれている不平等な力関係、さまざまな格差などであり、経済的搾取、政治的抑圧、さまざまな差別、植民地支配などが挙げられる。そして、直接的暴力のない状態は消極的平和、構造的暴力のない状態は積極的平和と呼ぶことができる。われわれがめざす平和とは、直接的暴力と構造的暴力の両方の克服であり、消極的平和と積極的平和の両方が実現した状態である。また、暴力の克服の中には、女性に対する暴力の克服が含まれている。

このような平和学の共通認識を確認したうえで、ひるがえって日本国憲法の平和主義を捉え直してみる。日本国憲法の平和主義は、とりわけ前文第二段落と九条に示されている。前文第二段落は、全世界の人びと（peoples）の平和的生存権を確認し——これがすべての基礎である——、それを保障する公正な世界秩序をつくるために、日本の市民と政府が行動することを求めていると解される。[3] 公正な世界秩序とは、専制、隷従、圧迫、偏狭、恐怖、欠乏——つまり構造的暴力——が克服される世界秩序である。また九条は、武力による威嚇、武力の行使、軍隊の保持を禁止し、交戦権を否定する——すなわち直接的暴力を克服しようとする——から、日本の市民と政府の行動は非暴力的なものでなければならない。このように見てくると、日本国憲法の平和主義は、構造的暴力と直接的暴力の両方を克服しようとするものであり、平和学の到達点、共通認識に照らしても、その妥当性が再確認される。また、女性に対する暴力の克服に関して、日本国憲法二四条が注目される。二四条の成立過程を検討してみると、二四条の趣旨が家族圏における

3　丸山眞男「憲法第九条をめぐる若干の考察」『後衛の位置から』（未來社、一九八二）二一頁、初出は『世界』一九六五年六月号

男性支配の否定にあることがわかる。二四条の規範的要請のひとつは家父長制的暴力の克服である。ここで九条と二四条を一体的に把握すると、日本国憲法は「普通の近代国家」が許容したふたつの暴力、国家・軍隊の暴力と家父長制的暴力をともに克服しようとする徹底的な非暴力の法規範として立ち現われてくるのである。

平和学の一分野として安全保障論があるが、この認識も注目すべきものである。安全保障について平和学の有力な潮流はおおよそこう考えている。[4] 北の諸国は地球環境的制約を考慮に入れず、資源を独占・浪費し、南北格差ゆえに生じる南からの反乱を武力で鎮圧して、北の平和・安全・豊かさをまもろうとしているが、それは無理である。いまの世界において、矛盾を武力で糊塗することで持続的な平和・安全を得ることはできない。暴力・テロ等を生み出すいまの地球社会の構造、根本原因に向き合い、地球社会を公正なものにする地道な努力――それは武力ではできない――を積み重ねる以外に、わたしたちの安全は得られないということである。この認識も日本国憲法の非暴力平和主義と共鳴していると思う。

Ⅱ　平和をつくる主体

日本国憲法の平和主義について重要なことのひとつは、平和をつくる主体に関する認識である。憲法前文の「日本国民は、……政府の行為によつて再び戦争の惨禍が起ることのないやうにする

4　ポール・ロジャーズ／岡本三夫監訳『暴走するアメリカの世紀――平和学は提言する』（法律文化社、二〇〇三年）

ことを決意し」という表現、「日本国民」という憲法前文および九条の主語などからみて、日本国憲法は平和をつくる主体としてひとりひとりの市民、そしてその集合体——ピープル——を想定していると考えられる。憲法学者、深瀬忠一氏の次の表現がそれを最も的確に要約していると思う。

戦争と軍備、平和と軍縮の問題〔は〕、もはや「政府」の専権ないし最終決定権力をもつ問題ではなく、主権者である人民の直接的および間接的な指導・統制下におかれる。人民は、ひとり国内社会においてだけでなく、国際（世界）社会においても、個人として、自発的集団（国連に働きかけるNGO（非政府機関）等）として、また人民の部分的・全体的世論によって、戦争と平和、軍備と軍縮にかかわる諸問題を自主的に解決し、あるいは影響・圧力を与える地位と権利を保障されている。[5]

Ⅲ 「しない」平和主義と「する」平和主義

市民あるいはピープルが平和をつくる方法はふたつある。

ひとつは、議会制民主主義および裁判である。この側面は政府の政策——平和・安全保障政策、対外政策——を主権者がコントロールする側面、あるいは政府の政策による平和的生存権侵害を

5 深瀬忠一『戦争放棄と平和的生存権』（註1）一九四頁

事後的に裁判で追及する側面である。戦後の日本において、日本政府は、憲法の非暴力平和主義にもかかわらず、一貫して自衛隊を拡大・活用し、米軍に協力してきたから、市民・ピープルは「自衛隊を海外派兵しない」「米軍の軍事行動に加担しない」ことをめざした。

もうひとつは、市民・ピープルが政府とかかわりなくみずから平和をつくる活動をする側面である。これはさまざまなNGO活動のかたちをとる。人権監視、緊急人道支援、医療支援、難民支援、非暴力的介入など、さまざまなかたちのNGO活動が活発になされている。

これらふたつの方法のうち、戦後の日本においては、前者の側面が強かった。自衛隊を海外に派兵しない、米国の戦争に加担しないことをめざすから、これは「しない」平和主義である。自衛隊がイラクに派兵されるところまできた現在、「しない」平和主義の重要性を改めて確認しなければならない。が、それは日本国憲法の平和主義の半分である。

もう半分は「する」平和主義である。「しない」平和主義を実現すること自体、決して容易なことではないが、もし「しない」平和主義が成功すると、日本は何もしないという結果になる。軍事行動をしない。それはきわめて重要であるが、それでは何をするのか、それが問われる。前述したように、日本国憲法の平和主義は、公正な世界秩序をつくるために、日本の市民と政府に積極的な非軍事的行動を求めている。「する」平和主義が不可欠なのである。そして、NGOによる平和活動こそ、日本国憲法の平和主義のもとで可能な「する」平和主義の実現である。[6]

6　君島東彦「平和をつくる主体としてのNGO」三好亜矢子・若井晋・孤崎知己・池住義憲編『平和・人権・NGO』（新評論、二〇〇四年）五七頁

Ⅳ 「社会契約」「条約」としての日本国憲法九条

一九四五年の時点で、東アジアの平和に対する最大の脅威は日本のミリタリズムであったから、それをどうするかは東アジアの大きな問題だった。日本国憲法九条はそれに対する応答である。そういう意味では日本国憲法九条は、日本の安全保障のための規定ではなく、日本のミリタリズムの被害を受けた東アジアの民衆の安全保障のための規定である。大日本帝国憲法の改正＝日本国憲法の制定は、日本国内にいたマッカーサーとＧＨＱの強い影響のもとに行なわれたが、日本の憲法問題については連合国を代表する極東委員会（在ワシントン）が最終的な権限を持っていた。極東員会のメンバーとして、中国、インド、フィリピン、オーストラリア、ニュージーランドのアジア太平洋諸国が入っている。極東委員会は日本の憲法問題についてかなり議論をしており、最終的に日本国憲法を承認している。これらのことから、日本国憲法は不十分ながらアジア太平洋諸国とともに制定したといえるのではないか。日本国憲法は東アジアの平和を破壊した日本国家が戦後東アジアで存続するためのいわば「社会契約」であるとも思われるのである。

日本国憲法九条の起源に関する仮説として埼玉大学の三輪隆氏の次のようなものがある。[7] 一九四六年初め、アメリカ国務省は「日本非武装化四ヵ国条約案」というものを準備していた。これは連合国四ヵ国（米国、英国、ソ連、中国）が日本の非武装化を二十五年間監視するという条約案である。一九四六年一月にこの条約案を知ったマッカーサーは、条約に先駆けてその内容を

7　三輪隆「日本非武装化条約構想とマッカーサー・ノート第二項」『埼玉大学紀要教育学部（人文・社会科学編）』第四十七巻第一号（一九九八年）四三頁

日本の憲法に取り込んだのではないか、と三輪氏は考えるのである。これは非常に大胆な仮説であって、それを支える証拠に乏しい。が、これは魅力的な仮説である。この仮説は、日本国憲法九条は実は条約であるということを示しているのである。

V　日本国憲法の安全保障構想

普遍的安全保障

九条は日本の安全保障のための規定ではないとすると、日本国憲法は日本の安全保障についていったいどう考えているのか。前文第二段落の「平和を愛する諸国民の公正と信義に信頼して、われらの安全と生存を保持しようと決意した」という部分がそれに当たる。この部分が指し示すのは、日本の安全は普遍的安全保障の枠組、制度によって維持されるという考え方である。普遍的安全保障とは、紛争や戦争に関して、個々の国家の権利を制限し、組織全体が必要な措置をとるシステムであり、敵国を想定する軍事同盟ではなくて、地域のすべての国家をメンバーとする包括的な安全保障の枠組をつくり、その枠組の中で各国の安全が維持されるという考え方である。日本国憲法成立当初は、国連によって日本の安全を維持することが意図されたと思われるが、冷戦ゆえに国連による安全保障は期待できず、日本政府は日米安保体制への依存を深めていった。しかし日本国憲法の趣旨は、軍事同盟による安全の維持ではなく、普遍的安全保障の枠組による安全の追求である。国連による安全保障は未完成で、実現しないまま今日に至っているが、地域規模で——東アジアで——普遍的安全保障を追求することは現在の課題であると思う。[8]

「東北アジア共同の家」と過去の克服

日本国憲法の安全保障構想は普遍的安全保障であり、東アジアで普遍的安全保障を追求することがわれわれの現在の課題であるが、和田春樹氏[9]および姜尚中氏[10]が提唱している「東北アジア共同の家」の考え方はまさにその一例といえる。東アジアの普遍的安全保障、あるいは「東北アジア共同の家」をめざすときに避けて通れないのは、大日本帝国の克服という問題である。これから東アジアの地域的な安全保障の枠組をつくり、そこで諸国民の間の信頼関係をつくることが課題になるが、そのときに東アジアを軍事的政治的に支配しようとした大日本帝国の負の遺産を克服することは、急務となるだろう。東アジアの人びとには、大日本帝国の植民地支配・侵略戦争について克服が終わったという認識はまだない。

普遍的安全保障と九条との関係

普遍的安全保障の構想においては、個別国家の武力行使は厳しく抑制される。紛争解決のための武力行使は完全に禁止され、自衛のための武力行使もごく例外的に認められるにすぎない。自衛のための武力行使が禁止されることもある。それに呼応して、組織全体が域内の平和、安全に

8　普遍的安全保障を追求するNGOのプロジェクトとして、「戦争防止地球行動」(Global Action to Prevent War)のプロジェクトが注目される。これは、かつてリチャード・フォークや坂本義和らとともに、「世界秩序モデル・プロジェクト」(World Order Models Project, WOMP)を推進したソール・メンドロヴィッツがここ十数年にわたって力を注いでいるプロジェクトである。www.globalactionpw.org　このウェブサイトから、戦争防止地球行動プロジェクトの詳細な提案書(英語版および日本語訳)がダウンロードできる。

9　和田春樹『東北アジア共同の家』(平凡社、二〇〇三年)

責任を持つことになる。個別国家は軍縮を求められ、組織全体が武力を保持・行使することになる。普遍的安全保障においては、個別国家の「私的な」武力行使は禁止されるが、組織の「公的な」武力行使――共同軍事行動――に加盟国が参加を求められる可能性がある。これについて、どう考えたらよいのか。

これについては、ドイツの国際法学者、ハンス・ヴェーベルク（Hans Wehberg, 1885-1962）の見解が示唆に富む。[11]ヴェーベルクは、国際連盟による軍事的強制措置を例外的行動として認めるが、完全軍縮を行なおうとする国は国際平和のさらなる歩みを行っているのであり、国際機構の軍事的強制措置に参加するために軍隊を保持する必要性はない、と主張している。日本国憲法の平和主義原理は、まさにヴェーベルクが主張する事例に当たる。個別国家としての武力行使を全面的に放棄し――軍事的自衛は放棄されている――、完全軍縮により武力を保持せず、「公的な」武力行使――共同軍事行動――にも参加しない。日本国憲法の平和主義のあり方は、普遍的安全保障の構想において正当なものとして位置づけることができる。

一方的軍縮イニシアチブというべき日本国憲法九条はいいとしても、普遍的安全保障の組織全体の「公的な」武力の保持・行使をどう考えるのかは、大きな問題として残っている。「公的な」武力の保持・行使は問題がないのかどうか。直接的暴力を克服する世界秩序をめざすという観点からすると、たとえ「公的」であっても武力の保持・行使は縮減・克服されるべきである。その点で、国連の正戦論――国連憲章第七章の「公的な」武力行使――を克服しようとする動きが世

10 姜尚中『東北アジア共同の家をめざして』（平凡社、二〇〇一年）

11 武田昌之「平和憲法の歴史的意味――国際組織構想史の視角による一試論」『歴史学研究』七二八号（一九九九年）三〇頁

界の平和NGOに見られることが注目される。[12] これはいわば国連憲章を日本国憲法に近づけようとする動きである。

非暴力防衛

普遍的安全保障と並んで、日本国憲法から引き出される安全保障構想は、非暴力防衛である。九条によって武力を保持せずに自らの安全を保障するとなると、非暴力防衛ということになるであろう。二〇世紀ヨーロッパにおいて、ナチス支配下のノルウェー、一九六八年のチェコ事件など、非暴力抵抗、非暴力防衛の事例はある。あるいは、ガンディーが指導したインド独立闘争やキング牧師の指導による米国黒人の闘争も非暴力防衛に近い性格を持っている。日本では、沖縄の反基地闘争が非暴力抵抗の事例であろう。われわれは日本国憲法のもとで、非暴力防衛の政策を検討することが求められると思う。[13]

VI 冷戦と日本国憲法九条――「ドーナッツ型の代替軍国主義」

日本国憲法成立後、東アジアでは冷戦および熱戦（朝鮮戦争とベトナム戦争）が進行した。東アジアはヨーロッパと並んで軍事的対峙が厳しい地域だった。そのなかで、日米安全保障条約に基づく日本の再軍備にもかかわらず、日本国憲法九条は改正されずに維持されてきた。駐留米軍が

12 カナダのNGO「平和を求めるカナダ女性の声」(Canadian Voice of Women for Peace)が、二〇〇四年三月、国連女性の地位委員会第四八会期に提出した文書「戦争の脱正統化をめざして」(Toward Delegitimizing War) は、国連の武力行使の克服を主張する点で徹底している。

13 寺島俊穂『市民的不服従』(風行社、二〇〇四年)、とりわけ「第七章 非暴力防衛の思想」二三九頁。宮田光雄『非武装国民抵抗の思想』(岩波新書、一九七一年)

九条に違反するかどうか、最高裁は判断せず、また自衛隊は九条に違反しないとする政府解釈、裁判所の憲法判断回避によって、駐留米軍、自衛隊と憲法九条は「共存」してきた（裁判所が自衛隊の憲法判断に踏み込んだ唯一の事例、長沼事件札幌地裁判決は、自衛隊を九条違反とはっきり認定した）。

冷戦期を通じて、日本国憲法九条はなぜ維持されたのか。日本国内の平和運動と政治的配置が日本国憲法九条を支えたという側面は間違いなくある。が、それだけでは一面的であろう。この問いについて考えるとき、坂本義和氏の「ドーナッツ型の代替軍国主義」という捉え方は参考になると思う。[14] 冷戦期、日本本土は確かに軍事化の度合いが相対的に低いように見えた。それは冷戦の軍事的対峙の最前線が日本本土になかったためである。沖縄の米軍基地、それに韓国、台湾、東南アジアの軍事政権が軍事的対峙の最前線の役割を担った。そして日本政府は、これら東アジアの軍事政権に対して経済援助を行なった。日本本土は相対的に軍事化しなかったが、周辺諸国の軍事政権を日本の経済援助が支えたのである。坂本氏はこの現象を「ドーナッツ型の代替軍国主義」と呼ぶ。韓国の日本研究者、権赫泰《クォンヒョクテ》氏（聖公会大学教授）も坂本氏と類似の見方をする。[15] 冷戦期には日本本土の軽武装を補う役割を周辺諸国が担っており、いわばこれら周辺諸国の親米親日軍事独裁政権が日本国憲法を支えるというアイロニーをもたらした。現在、周辺諸国の民主化によって軍事的負担は日本に回帰している、と権氏はいう。

もっぱら日本国内の平和運動と政治的配置が憲法九条を支えたとみるのが一面的であるように、

14　坂本義和『地球時代の国際政治』（岩波書店、一九九〇年）二二一頁

15　権赫泰「日韓関係と『連帯』の問題」『現代思想』三十三巻六号（青土社、二〇〇五年六月）二〇四頁

もっぱら国際政治的配置ゆえに日本国憲法九条が維持されたとみるのも一面的に過ぎるだろう。しかし、坂本氏の「ドーナッツ型の代替軍国主義」という捉え方や権氏の見方は、戦後日本の一側面を照らし出すものであり、見落とすことはできないと思う。沖縄の米軍基地、韓国、台湾、東南アジアの軍事政権を日本国憲法の平和主義とは関係ないものとして外在的に見るのではなく、日本国憲法の平和主義の問題として見る視点が要求されるであろう。沖縄の反基地闘争への連帯、東アジアの軍事政権によって苦しめられた人びとへの連帯、これら諸国の民主化運動への連帯は、まさに日本国憲法の平和主義の問題であった。

現在はもはや「ドーナッツ型の代替軍国主義」ではなくて、日本自身が軍事大国化しつつあるが、日本国憲法九条をテコとして、東アジアの脱軍事化への展望を切り拓くことが求められるだろう。わたしたちは東アジア地域安全保障の問題として日本国憲法九条を考える必要がある。

Ⅶ　日本国憲法のもとでの国際平和協力

前述したように、日本国憲法前文は、構造的暴力が克服される公正な世界秩序をつくるために、日本の市民と政府が行動すること——国際平和協力——を求めていると解される。そして九条は、武力による威嚇、武力の行使、軍隊、交戦権——つまり、直接的暴力——を否定するから、日本の市民と政府の行動は非暴力的なものでなければならない。日本国憲法九条に適合的な国際平和協力、日本国憲法の想定する「する」平和主義として、さまざまなNGO活動があるといえる。

NGO活動として、開発援助、環境保全、人権保障などにかかわるNGO活動も重要であるが、ここではより憲法九条にちかい問題――武力紛争、人道的危機、大規模人権侵害など――に取り組むNGOについて考える。

まず人権侵害を監視し、警告を発する「アムネスティ・インターナショナル」や「ヒューマンライツ・ウォッチ」ような監視型のNGOがある。次に、「国境なき医師団」や「世界の医師団」のように紛争地に緊急医療援助を提供するNGO。「日本国際ボランティアセンター」や「ピースウィンズ・ジャパン」のような緊急人道支援のNGO。「難民を助ける会」や「ペシャワール会」のような難民支援のNGOなどなど。多様なNGO活動の可能性がある。

本稿では、非武装の市民が紛争地に入っていく非暴力的介入とよばれるタイプのNGO活動に少し詳しく触れておきたい。このタイプのNGOとしては、一九八一年に設立された「国際平和旅団（Peace Brigades International, PBI）」が大きな成果を挙げている。これは、トレーニングを受けた非武装の多国籍の市民のチームが紛争地域へ入っていき、そこで非暴力的な民主化運動、人権闘争などに従事している人々に付き添うことによって殺戮や紛争の暴力化を予防しようとする試みである。外国人が現地の活動家に付き添うことで、「国際社会が見ている」というメッセージを送り、「国際社会の目」が暴力を抑止する。このような非暴力的介入のNGOは、現在世界におよそ二十団体があり、コロンビア、メキシコ、グアテマラ、ニカラグア、バルカン諸国、イスラエル／パレスチナ、スリランカなどで活動している。そして、暴力の抑止という点で一定の成果を収めている。このタイプのNGOの新しいものとして、二〇〇二年設立の「非暴力平和隊（Nonviolent Peaceforce）」がある。このNGOは日本や韓国にも組織があり、現在スリランカにチームを派遣して活動を展開している。日本国憲法九条のもとで、日本の市民はこのようなNGO活動によって世界平和に寄与することができる。[16]

Ⅷ　「普通の近代国家」を超えるプロジェクトとしての日本国憲法　――九条と二四条の一体的把握

憲法二四条は実は九条と相まって非暴力平和主義の規定である。それはどういうことか。一定の領域内で正当な暴力行使を独占するのが近代国家である。日本国憲法は、九条二項で、近代国家に許容されている軍隊の保持を否定する点で、近代国家を超えようとするものであるが、近代国家を超えるという点で、憲法二四条にも注目しなければならない。近代国家において、暴力が正当化され、許容される場面はふたつある。そのひとつが軍隊の暴力であるが、もうひとつは家族圏における家父長制的暴力である。[17]

16　君島東彦「NGOの平和構築が憲法の平和主義を具体化する」『論座』二〇〇四年一二月号（朝日新聞社）二三六頁、君島東彦「平和をつくる主体としてのNGO」（註6）。アントニオ・ネグリ&マイケル・ハート／水嶋一憲ほか訳『〈帝国〉』（以文社、二〇〇三年）は、NGOを〈帝国〉による介入の最前線部隊として捉えている（五七頁）。この指摘は重要である。国際平和旅団および非暴力平和隊は、NGO内部の運営および紛争地での活動において、「北が南をコントロールしないこと」を最も重要な行動原理としている。

17　上野千鶴子『フェミニズムから見たヒロシマ』（家族社、二〇〇二年）

男性支配を否定する憲法二四条

近代国家は、政府が介入する公的領域と政府が介入しない私的領域に社会を二分し、私的領域のうち家族圏を家父長＝夫・父の支配に委ねてきた。そして家父長が自分の領域＝家族圏を統治・支配するとき、究極的には暴力の威嚇または行使が背景にあったであろう。フランス革命後のナポレオン法典は家父長支配の原則、すなわち妻の夫への従属を厳格に規定していたし、一九世紀の英米法は夫の妻への懲戒権＝暴力を認めていた。西洋近代とは男性支配の社会であり、近代家族は家父長家族であった。家父長制の核心には夫の暴力があるのである。[18]

家族圏における男女の同権を保障する日本国憲法二四条は、いまではよく知られているように、ウィーン生まれのユダヤ人、ベアテ・シロタ（Beate Sirota）によって起草された。この規定のココロは、日本政府によって変形される前の彼女の草案（マッカーサー草案二三条）によく示されている。すなわち「婚姻は、両性の法的・社会的平等性に立脚し、親の強制ではなく相互の合意に基づき、男性の支配ではなく相互の協力により、維持されなければならない」。日本国憲法二四条は、家族圏における男性支配の否定を目的としており、夫の暴力＝ドメスティック・バイオレンスの禁止がその規範的要請となるだろう。それはすなわち、近代家族の克服をも含意しており、近代国家を超えるパースペクティヴを示しているのである。

18　辻村みよ子「性支配の法的構造と歴史的展開」『岩波講座　現代の法11　ジェンダーと法』（岩波書店、一九九七年）三頁

九条と二四条の一体的把握

このように見てくると、日本国憲法は、九条と二四条によって、近代国家において正当化され、許容されてきたふたつの領域の暴力――軍隊の暴力と家父長制的暴力――をともに克服しようとするものと見ることができる。小沢一郎氏は著書『日本改造計画』（講談社、一九九三）において、日本は自衛隊＝軍隊を活用する「普通の国になれ」と主張した。小沢氏の表現にならうならば、日本国憲法はいわば「普通の近代国家」を超えるプロジェクトとして理解されるのである。九条と二四条を一体として捉えると、日本国憲法は、家族圏から国際社会に至るまでトータルに暴力の克服をめざす、包括的な徹底した非暴力の規範として立ち現われてくる。[19]

他方で、ベティ・リアドン（Betty Reardon）、シンシア・エンロー（Cynthia Enloe）、秋林こずえらのフェミニスト平和研究者は、相互依存関係にある軍事主義と家父長制が平和の実現にとって最大の障害であると主張してきた。[20] ここで軍事主義とは単に軍隊の問題にとどまらず、軍事力による国家の防衛を重視する価値観・思考様式を指す。脱軍事化をめざす九条と男性支配を否定する二四条を持つ日本国憲法のアプローチは、フェミニスト平和研究者の主張と共鳴する。彼女たちの研究もまた、「普通の近代国家」を超えるプロジェクトといえるのではないか。

しかしながら、依然として「普通の近代国家」の思考が根強く残る国際社会において、日本国憲法が直面する試練、苦悩は大きい。それが日本国憲法規範と日米安保体制の矛盾として現われている。「米軍の兵士に暴行され、殺される沖縄、韓国の女性たち」がいまの東アジアにおける暴力を端的に照らし出している。フェミニスト平和研究も彼女たちの問題を自分たちの問題とし

19　若尾典子『ジェンダーの憲法学――人権・平等・非暴力』（家族社、二〇〇五年）一五〇頁

20　『女たちの21世紀』三三号（アジア女性資料センター、二〇〇三年）の「特集　反戦を超えて――「平和」を創るフェミニストたち」、シンシア・エンロー／秋林こずえ訳『フェミニズムで探る軍事化と国際政治』（御茶の水書房、二〇〇四年）

て捉えることによって認識を深めた。わたしは暴力の犠牲になった彼女たちのことを想起すると、どんなに険しい道であれ、日本国憲法という「普通の近代国家」を超えるプロジェクトを諦めるわけにはいかないと思うのである。

Ⅸ　近代主権国家システムから地球立憲主義へ

一方的軍縮イニシアチブというべき憲法九条と普遍的安全保障の構想を示している前文第二段落はセットで捉えられるべきものである。九条は軍事的主権の自己制約であり、前文第二段落の普遍的安全保障、集団安全保障は、国際機構――主権の制約、政治権力の公共化――をめざす動きである。国連憲章とともに、これらはいずれも、近代主権国家システム（ウェストファリア体制）のマイナス面――国家は常に他国の武力攻撃を受けるおそれ、不安に備えている――を克服しようとするものといえる。国家主権の一部を国際機構に移譲することは第二次世界大戦後に制定された各国憲法に共通する特徴である。

憲法あるいは立憲主義とは政治権力をコントロールしようとするプロジェクトであるが、グローバリゼーションが急速に進行する現在、政治権力は国家のコントロールを超えて拡散しており、国家の憲法、立憲主義だけでコントロールしきれるものではなくなっている。政治権力の地球大の拡散に対応して、立憲主義の地球化＝地球立憲主義が必要となると思われる。

現在、地球立憲主義に関する議論が盛んになっている。地球立憲主義として、どのようなものを考えるか、多様な立場がありうるが、ここでは、リチャード・フォーク（Richard Falk）らが考える地球立憲主義に簡単に触れておきたい。[21]

彼らのいう地球立憲主義は、さしあたり、次のようなイメージとして捉えることができると思われる。すなわち、地球立憲主義とは、地球社会全体で、(1)非暴力平和、(2)人権、(3)民主主義、(4)環境保全の諸価値を実現するためのルールと制度の体系である。いまの世界は、(1)国家間システム（主権国家システム）、(2)国連システム、(3)地球市民社会（NGO、市民運動、社会運動）の三つのシステムからなる三層構造として捉えられるが、このルールと制度は、地球市民社会、国連システム、国家間システムの三層すべてに浸透すべきものである。三つのそれぞれのシステムにおいて、民主的立憲主義化（国内における民主主義・人権保障の拡充、国連の民主的コントロールなど）が追求されなければならないが、同時に、三つの層を垂直に貫く動き、例えば、NGOが国家および国連を民主化・立憲主義化すること、あるいはNGOが国家内および国連の改革勢力と連携して変革をもたらすことなどが重要となる。

彼らの地球立憲主義の特徴は、世界連邦論のような国家統合のアプローチをとらないところにある。主権国家システムを克服する（＝個別国家の権力をコントロールする）ために世界政府をもちだす（＝より大きな権力を呼び出す）のは矛盾・逆説である。NGOの活動に示されている地球市民社会の主体的な役割を重視して、地球立憲主義を、世界政府をめざすものではなくて、地球

21　Richard A. Falk, Robert C. Johansen, and Samuel S. Kim (eds.), *The Constitutional Foundations of World Peace* (Albany, New York: State University of New York Press, 1993). 地球立憲主義については、川村暁雄『グローバル民主主義の地平――アイデンティティと公共圏のポリティクス』（法律文化社、二〇〇五年）七七頁の議論も興味深い。

社会の民主化・立憲主義化をめざす運動・プロセスとして捉えるフォークらの構想は非常に興味深いと思う。

現実に一九九〇年代の世界政治は、ふたつの領域で彼らの構想にかなり近い動きを見せたのである。まずひとつは、地球的問題群に関して国連主催で開催された一連の世界会議――地球サミット（リオデジャネイロ、九二年）、世界人権会議（ウィーン、九三年）、世界社会開発サミット（コペンハーゲン、九五年）、世界女性会議（北京、九五年）など――において、NGOが政府や国連と連携ないし対抗しつつ、人権、民主主義、環境保全などの価値を実現しようとしたことである。もうひとつは、核兵器使用の違法性に関する国際司法裁判所の勧告的意見を引き出した「世界法廷運動（World Court Project）」（九二～九六年）や対人地雷全面禁止条約の締結を勝ち取った「地雷禁止国際キャンペーン（International Campaign to Ban Landmines）」（九二～九七年）のように、世界のNGOの連携・ネットワークを基礎にして、各国政府への働きかけを強め、軍縮国際法の形成をめざす方法の有効性が示されたことである。[22] これらは、地球立憲主義の進展である。

近年はまた違ったかたちで、地球立憲主義が深化しているとわたしは考える。ここでは三つの事例に触れたい。まず第一に、一九九〇年代に見られたNGOと政府の連携の延長線上に、ひとつの国連改革＝グローバル・ガバナンスの構想がある。それは、政府の会議である国連総会と並行して、世界の各分野のNGOの代表が集まって討議する「地球市民社会フォーラム」を開催するという構想である。この構想は、政府間会議である国連総会を「上院」とし、「地球市民

22　君島東彦「核軍縮におけるNGOと政府の連携――『世界法廷運動』の意義と射程」愛敬浩二・水島朝穂・諸根貞夫編『現代立憲主義の認識と実践』（日本評論社、二〇〇五年）四五一頁

社会フォーラム」を「下院」とする「二院制地球議会」の萌芽ともいうべきものである。また、フォークらは、国連総会とは関係を持たない「地球市民社会の議会」として「地球人民議会(Global Peoples Assembly)」の構想を提案している。

第二に、国連安保理が設置した旧ユーゴスラビア国際刑事裁判所およびルワンダ国際刑事裁判所の活動があり、さらにその延長線上に、国際刑事裁判所が活動を開始している。また、国際司法裁判所の役割を強化しようとする提案もある。総じて、地球社会において法の支配を強めようとする動きが見られる。

そして第三に、国際民衆法廷の活発な活動が見られる。様々な制約ゆえに国際司法裁判所や国際刑事裁判所が使えないとき――安保理常任理事国は国際法の支配を免れることが少なくない――、地球市民社会が国際民衆法廷を設置することがある。近年の例として、アジア太平洋戦争における日本軍性奴隷制、いわゆる「従軍慰安婦」犯罪を当時の国際法に照らして裁いた「女性国際戦犯法廷」(二〇〇〇～〇一年)を挙げることができる。これは南北朝鮮、中国、台湾、フィリピン、インドネシア、日本などの東アジアの女性NGOの連携を基礎とし、ロンドン大学教授クリスティーヌ・チンキンなど第一線の国際法の専門家の関与を得て成し遂げられた成果である。政府あるいは国際機構が国際法の履行を確保しないとき、地球市民社会が法、正義の実現に介入せざるをえない。[23]

以上のような地球立憲主義の進展、深化に照らしてみると、日本国憲法の平和主義の現実性、

23　女性国際戦犯法廷について、VAWW-NETジャパン編による『日本軍性奴隷制を裁く二〇〇〇年女性国際戦犯法廷の記録』全六巻(緑風出版、二〇〇〇年―二〇〇二年)を参照。

妥当性が改めて再確認されるのである。

X　世界の平和NGOと日本国憲法

日本国憲法は日本国の最高法規であり、基本的に日本政府の行動に対する枠である。憲法はもともと一国単位のものであるが、しかし各国の憲法は他国の憲法の成果、到達点を参照して制定されるのが通例であり、その意味で各国の憲法は制定時点における人類社会の成果、到達点を表現している。日本国憲法の平和主義も同じである。日本国憲法の平和主義は、第二次世界大戦後の世界の諸憲法に見られる平和主義と軌を一にする面があるが、さらに一歩踏み込んでいる。この側面について、「『普通の近代国家』を超えるプロジェクトとしての日本国憲法」とわたしは表現した。

暴力を克服しようとする点で徹底している日本国憲法の平和主義は、近年は、世界の平和NGOによって注目されている。[24] 世界の平和NGOの会議が、基本原則やアクション・アジェンダを作成するときに、日本国憲法九条に言及することが多い。一九九九年五月にオランダのハーグで開催されたハーグ平和アピール市民社会会議は、会議の最終日五月一五日に、会議の討論を取りまとめる「公正な世界秩序のための十の基本原則」を発表したが、その第一原則は「各国議会は、日本国憲法九条のような、政府が戦争をすることを禁止する決議を採択すべきである」と述べて

24　君島東彦「日本国憲法第九条とハーグ平和アピール」『世界』六九四号（二〇〇一年一一月）九〇頁。

いる。二〇〇〇年五月にニューヨークの国連本部で開催されたNGOの会議「ミレニアム・フォーラム」の「平和、安全保障、軍縮」部会の最終報告書もまた、「すべての国がその憲法において日本国憲法九条に表現されている戦争放棄原則を採択することを提案する」と述べている。

最近の世界の平和NGOのプロジェクトとして、「武力紛争予防のためのグローバル・パートナーシップ」(Global Partnership for the Prevention of Armed Conflict, GPPAC)が注目される。GPPACのプロジェクトは、二〇〇一年六月七日、コフィ・アナン国連事務総長が武力紛争予防に関して安保理に提出した報告書に端を発している。アナン事務総長は、この報告書の中で「紛争予防に関心を持つNGOが、紛争予防におけるNGOの役割と国連との連携の可能性について、国際会議を開くこと」を求めた(勧告二七)。この勧告をうけて、オランダ・ユトレヒトを拠点とするNGO、欧州紛争予防センターがイニシアチブをとり、世界のNGOに呼びかけて、GPPACは始まった。

九・一一以後の暴力化した世界において、平和学、紛争解決論、NGO活動の成果として積み上げられてきた武力に依存しない紛争解決の努力が軽視されている。GPPACは、「反テロ戦争」ではなく、武力紛争予防こそが有効であり重要なのだ、というNGOのメッセージである。GPPACはまた、NGOが安保理に切り込もうとするプロジェクトでもある。国家中心、しかも大国支配の場である安保理に市民社会の声を反映させることもGPPACの目的である。

世界を十五地域に分けて、地域ごとに紛争予防にかかわるNGOが集まり、紛争予防における

NGOの役割、政府・国連との連携の可能性について、議論と検討を深めた。そして、二〇〇五年三月までに十五地域すべてが、地域会議を開き、地域のアクション・アジェンダを作成した。日本を含む東北アジア地域のNGO関係者は、二〇〇五年二月一〜四日、東京の国連大学に集まり、東北アジア地域会議を開いて、東北アジア地域アジェンダ(「東京アジェンダ」)を採択した。東北アジア地域の武力紛争予防にとって、日本国憲法九条を堅持することがきわめて重要である、ということが会議のコンセンサスとなり、日本国憲法九条が「東京アジェンダ」の基調となっている。

さらに、世界十五地域が作成したアクション・アジェンダを統合するグローバル・アクション・アジェンダが二〇〇五年六月に作成され、これは七月一九〜二一日にニューヨークの国連本部で開催されたGPPAC世界会議のときに、アナン国連事務総長に提出された。グローバル・アクション・アジェンダは、武力紛争予防をめざす世界のNGOの政策提言、行動提言であるが、提言の中のひとつとして「脱軍事化、軍縮および軍備管理」に関する項目があり、その中で、日本国憲法九条の意義について言及している。[25]

このように世界の平和NGOは、自分たちの活動と共鳴するものとして、日本国憲法の平和主義をとらえており、日本国憲法の平和主義は一国の最高法規であると同時に、世界の平和運動のシンボルともなっているのである。日本国憲法の平和主義は日本の市民の問題であるにとどまらず、人類史的挑戦でもある。

25 君島東彦「GPPACグローバル・アクション・アジェンダを読む——ニューヨーク国連本部での世界会議を終えて」『法学セミナー』六一二号(日本評論社、二〇〇五年一二月)七八頁。東北アジア地域アジェンダ(「東京アジェンダ」)およびグローバル・アクション・アジェンダの全文(英語版および日本語訳)は、次のウェブサイトからダウンロードできる。http://www.peaceboat.org/info/gppac/index.html

日本国憲法九条二項とは何か――むすびにかえて

日本国憲法九条二項は「前項の目的を達するため、陸海空軍その他の戦力は、これを保持しない。国の交戦権は、これを認めない」と述べている。この規定にもかかわらず、自衛隊法にもとづいて自衛隊が存在しており、日米安全保障条約およびそれにもとづく諸協定、諸法律のもとで自衛隊の行動は年々拡大している。憲法九条二項のもとで、軍事力はまったく保持しえないと解釈するのであればいうまでもなく、仮に自衛のための必要最小限の軍事力を保持しうると解釈しても、自衛隊のイラク派兵がなされている現在、憲法九条の規範と自衛隊の行動との乖離はどうしようもなく大きくなっている。それでも日本政府は、これまでの自衛隊の行動はすべて憲法九条に違反しないと解釈してきた。この解釈はかなり苦しいものであるから、軍隊を縦横に活用する「普通の近代国家」に戻りたいと考える人々が、憲法九条の「改正」――九条二項を削除して、自衛軍を保持することを憲法に明記する――を欲するのは当然であろう。

しかし同時に、日本国憲法の平和主義を大事にしようと考える人々の間にも、憲法九条を変えるべきだという意見がある。いまや憲法九条の規範と自衛隊および日米安保体制の現実との間の乖離はあまりにも大きいから、これ以上憲法解釈で対応することは、「国民の憲法への信頼と尊敬を回復できないまでに傷付け、二一世紀の日本を法一般、規範一般へのシニシズムやニヒリズムがはびこる社会へと決定的に押しやってしまうのではないか」。[26] 憲法へのシニシズムを克服し、

26 大沼保昭「護憲的改憲論」『ジュリスト』一二六〇号（有斐閣、二〇〇四年一月）一五八頁

信頼を回復するために、憲法九条を改正すべきであるという意見である。この考え方――「護憲的改憲論」とよばれる――によれば、自衛隊の存在を憲法に明記し、そのうえで国会が憲法および法律によって自衛隊の行動をコントロールし、軍縮をめざしていくほうがよいということになる。わたしはこれらの意見には賛成しない。

日本国憲法九条二項とはいったい何か。九条二項とは、「軍隊の脱正統化」の規定であり、同時に「挙証責任の分配」の規定である。[27] 九条二項は、軍隊の正統性を剥奪して、軍隊と疑われる存在が「軍隊でない」ということの挙証責任を政府の側に負わせている。日本政府は自衛隊が憲法九条二項によって禁止されている軍隊でないということをどこまでも証明しなければならない。自衛隊は軍隊になりきれないのであり、自衛隊の活動の法的根拠づけは非常に複雑なものとなり、多くの制約のもとに置かれる。自衛隊の活動を拡大しようとするとき、日本政府はそのたびに国会でそれは憲法九条に違反しないということを証明しなければならない。

「軍隊の脱正統化」「挙証責任の分配」規定としての憲法九条二項の意義ははかりしれない。もし憲法九条二項がなくなると、軍隊が正統性を獲得し、挙証責任は転換することになるだろう。そうなると、軍隊が正統性を持たず、政府の側が「軍隊でない」という挙証責任を負っていた日本の法体系が、根本的に転換するだろう。軍事目的、軍の行動が正統性、公共性を獲得し、安全保障のための人権制約は常態化するだろう。軍の行動を批判する側が挙証責任を負うことになり、その証明は非常に困難なものになるだろう。

27　ここでいう「挙証責任の分配」「挙証責任の転換」は比喩的な表現であり、民事訴訟法等にもとづく厳密な意味で使っているわけではない。これは、社会思想史家・内田義彦がよく使った「挙証責任の所在」「挙証責任の転換」という表現にもとづいている。内田によれば、ホッブズは国家の自明性を否定し、人間の自明性だけから出発して国家の必要性を論証した。国家は人間のためにある。だから国家の存在の挙証責任は国家の側にある。人間ではなくて、国家の側が国家の必要性を証明しなければならない。内田はホッブズにおいて社会科学上の挙証責任の転換が起きたと言っている。内田義彦『社会認識の歩み』(岩波新書、一九七一年)一一〇―一一四頁参照。内田のこ憲法九条二項の規範と自衛隊の現実との乖離がどんなに大きくなっても——もちろんわれわれはこの乖離を小さくする努力をしなければならないが——、憲法九条二項を変えるべきではないとわたしは考えている。われわれはこの乖離に堪えなければならない。乖離がどんなに大きくなっても、「軍隊の脱正統化」「挙証責任の分配」規定としての憲法九条二項の意義が減じることはない。暴力を克服しようとする人類の努力の歴史の中で、われわれは日本国憲法九条二項を保持し続ける役割を負っているというべきである。[28]

【追記】本稿は、二〇〇五年九月二二〜二五日、ソウル大学校法科大学で開催された「アジア憲法フォーラム」に提出した英文原稿の日本語版に大幅に加筆したものである。「アジア憲法フォーラム」は、ソウル大学校法科大学の主催で、「アジアにおける立憲主義と憲法裁判」というテーマで行なわれた。フォーラムの主催者およびわたしの報告にコメントを寄せてくれた参加者の方々に御礼申し上げる。

の見方は、日本国憲法九条二項にもまさに妥当するとわたしは考える。日本国憲法九条二項によって軍隊が脱正統化され、日本政府は自衛隊の活動が憲法九条に違反しないことの挙証責任を負ったのである。このことの意義は大きい。

28　ヨハン・ガルトゥングも、二一世紀の平和構想として、攻撃的軍隊から防御的防衛への転換、平和維持活動の活用、さらに軍隊の脱正統化と非暴力防衛および非暴力的介入をめざすべきだと述べている。Johan Galtung, *Peace by Peaceful Means: Peace and Conflict, Development and Civilization* (London: SAGE Publications, 1996) p.5.

第5章

市民の平和協力——自衛隊と市民・NGO

越田 清和

こしだ きよかず
1955年生。ほっかいどうピースネットに所属。共著『徹底検証ニッポンのODA』（コモンズ）ほか。

はじめに　究極の軍民パートナーシップ

二〇〇五年五月九日、千葉市出身の元自衛官、斎藤昭彦さんがイラクで殺害された。斎藤さんは陸上自衛隊の第一空挺団で訓練を受け、その後フランスの傭兵部隊で戦闘に参加し、イラクではイギリスの戦争請負会社（新聞などでは「警備会社」とされていた）ハート・セキュリティの兵士として、アサド米軍基地に物資輸送する車列の警備を行なっていた。プロの兵士である。この経歴のためか、反戦・平和運動も日本政府も、斎藤さんの死亡が確認された後は、この問題についてほとんど語らなくなった。日本政府としては、そこから派生する問題があまりに大きいため、自衛隊の精鋭部隊で訓練を受けた人間（かなりの数）が海外で民間兵士として戦闘に参加しているという事実をできるだけ伏せておきたいのだろう。

斎藤さんは、非政府の戦闘員として海外で戦闘に参加していた。市民とはいえないが「非政府アクター」として「国境を超えていた」わけだ。大藪春彦や船戸与一が傭兵となった日本人を主人公にした小説を書いていたから、そういうことがあるのかなあと思っていたが、現実に斎藤さんのような人がいることを知ると、やはりいろいろ考えさせられる。変な言い方かもしれないが、「軍隊と民間の国際協力」の行き着くところかもしれない、という気がする。

日本という国家に住んでいる限り、いくら軍人としてのトレーニングを受けても、その能力を使うことはできない。国内で使うことができない能力を身につけた人間が、その活路を海外に求めるのはそんなに不思議なことではない。しかし、「戦争」や「殺人」と結びついた能力を「仕事」として発揮したいと思うようになる人間が「平和国家」のなかでつくられていくのは、兵士を育成する国家機関があったからである。これは憲法によって「戦力の保持」を禁じている国家のあり方からすれば、あってはいけない、考えられないことである。しかし、斎藤さんの仕事と死亡をめぐって、憲法とつなげる議論はほとんどなかった。

私が法律に詳しくないからかもしれないが、いくつかの疑問が浮かんでくる。斎藤さんが日本の国籍を持っている限り、「仕事」で他人を殺傷した場合は殺人・傷害罪にあたらないのか。ハート・セキュリティ社のような戦争請負会社は、戦闘行為で自社の「社員」が他人を殺すことを想定しているはずだが、その法的根拠は何か、「正当防衛」なのか。職業選択の自由があるとしても、軍隊を持たないことを国是とした日本の国民が「戦争請負業」に就職することも「職業選択の自由」と認められるのか。また、こうした企業の存在は「経済活動の自由」という範囲を超えているのではないか。斎藤さんのように自衛隊を辞めて、傭兵部隊に入っている人が何人もいるということが報道されていた。だとすると自衛隊は兵士育成・輸出機能を果たしていることになるが、それは憲法九条に違反していないか。

米国が言い出した「テロとの戦争」では、「反政府」的なもの全てが「敵」あるいは「テロの脅威」とならざるをえない。その一方で、軍隊が縮小される傾向も出ている。この中で「軍隊と民間のパートナーシップ」という考えが登場し、戦争請負会社が活用されようとしている。日本でも、上に述べたような原則的な問題についてまったく議論がないまま、戦争請負会社や自衛隊ＯＢなどを活用すべきという声さえ出始めている。[1] また、政府も戦争請負会社や傭兵部隊で働く日本人が応戦して人を殺傷した時の「正当性」について法的な検討をはじめているという（『朝日新聞』二〇〇五年六月一二日）。

このように「軍・民パートナーシップ」論が大手を振って語られる状況の中で、ＮＧＯや政府開発援助（ＯＤＡ）、自衛隊が一体となった政府主導の「国際平和協力」や「ＮＧＯと自衛隊の連携」が進められようとしている。

この文章では、政府主導の「国際平和協力」という考え方を批判的に検討する。そのうえで市民の平和協力の可能性について、「非武装・非軍事」という視点から考えていきたい。

1　菅原出「国際安全保障環境における民間軍事会社の存在」『日本の風』二〇〇五年秋号（防衛弘済会）

「国際平和協力」という官製の「公共性」

「国際平和協力」は、私たちがふだん使う言葉ではない。一九九〇年のイラクによるクゥエート侵攻にともなって日本国内で「国際貢献」論が台頭してきた時に、自衛隊の海外派兵を正当化するために使われるようになった言葉である。一九九二年に「国際平和協力法（ＰＫＯ法）」が制定されたことによって、日本政府がこれを広く使うようになった。ＰＫＯ法が制定されてから、日本政府は自衛隊の海外派兵を繰り返してきたが、マスコミや政府は、派兵を「国際平和協力」と呼び、そのイメージ・アップを図ってきた。何よりもマス・メディアの姿勢が大きく変わった。カンボジアに自衛隊が派兵されてから十年経った二〇〇二年九月一七日、朝日新聞は「自衛隊に専門部隊を――PKO一〇年」という社説を載せ、PKO参加のために自衛隊の一部を改組すること、自衛隊法を改正しPKO参加を国土防衛と並ぶ任務であると明記すること、などを提案した。九五年の「国際協力と憲法」という提言で、「良心的兵役拒否国家」という原理を打ち出し、志願者中心の平和支援隊によるPKO参加を提案していた時から考えれば、百八十度の方向転換である。既成事実の積み重ねによって、自衛隊の海外派兵が「国際平和協力＝国際社会への貢献」であり、戦争協力ではないというイメージが、メディアに定着したのである。

二〇〇二年に小泉首相のイニシアチブで作られた「国際平和協力懇談会」（明石康座長）の報告書は、「九・一一事件」を強く意識して、「現在の国際社会において、自らの国の安全のみを考える安全保障政策は十分ではありえない」ので、「『新しい国際平和協力』とでも称すべき活動が、国の基本的活動として取り上げられなければならない」と述べている。それにくわえて、国連PKOに限定された「国際平和協力」では不充分なので、「多国籍軍」への協力ができるような法整備についても提案している。

こうした活動の中心として挙げられているのは、国連PKO・多国籍軍に参加する自衛隊、「平和構築」のためのODA、国際協力に取り組むNGOである。[2] グローバルなレベルではブトロス・ガリ総長時代に国際連合が用い始めた「平和構築」や「人道的介入」や「テロとの戦い」などの「国際社会の公共性」が強調され、軍隊が展開し、そこに国際機関や各国のODA、NGOが加わっていく構造ができあがっている。日本の「国際平和協力」も、その一部なのである。

2 「国際平和協力懇談会」報告書は http://www.kantei.go.jp/jp/singi/kokusai/kettei/021218houkoku.html

自衛隊もODAも基本的には、国家の利益のために働くものである。しかし、国際平和協力（紛争地での緊急救援や紛争後の復興支援）では「国益」を正面に掲げることははばかれる。そこで「人道」や「平和」などの「公共性」を打ち出し、そこにNGOや市民を巻き込んでいくという構造ができあがっている。

この公共性を日本国内で論理付けてきたのが、憲法前文である。「いずれの国家も、自国のことのみに専念して他国を無視してはならない」ので、「正義と秩序を基調とする国際社会を誠実に希求」するならば、日本は国際平和協力活動を積極的に行ない、「国際社会において名誉ある地位を占めたい」という理念を実現する、ということになる。「国際貢献」「国際協調」という小沢一郎の『日本改造計画』以来、繰り返し使われる論理だ。ここでは、憲法前文が示すもうひとつの強調点である「全世界の国民が、ひとしく恐怖と欠乏から免かれ、平和のうちに生存する権利を有する」という平和的生存権と「九条」はまったく無視される。

しかし現実にはこの論理が支持され、大きな流れとなっている。一九九二年の自衛隊カンボジアにはじまる国連PKOへの参加、九八年のホンジュラス・ハリケーン災害に始まる災害救援活動（国際緊急援助派遣法）、テロ特措法にもとづくインド洋での海上補給・輸送部隊の活動、イラク特措法にもとづくイラク派兵という形で、自衛隊の海外派兵が拡大してきた。こうした実績作りを背景に、自民党も民主党も「国際協調主義」を掲げ、自衛隊の海外派兵を進めようという点では一致している。

二〇〇五年一〇月二八日に発表された「自民党新憲法草案」では、「第二章　安全保障」の九条の二は、自衛軍の保持を明記し、その役割に「国際社会の平和と安全を確保するために国際協調して行なわれる活動」を加えた。民主党憲法調査会も、「国際協調主義に立った安全保障の枠組み」を強調し、国連の集団安全保障活動への自衛隊の参加を進めようとしている。違いは、日米同盟のための海外派兵か、国連に依拠した海外派兵か、という点だけである。

しかし日米同盟と国連中心主義は、現実には明確に区別できないことが多い。国連の集団安全保障活動を、かりに「国際社会の公共性」にもとづく要請と考えたとしても、それが軍事力をともなう「安全保障活動」である以上、憲法九条にある「武力による威嚇又は武力の行使は、国際紛争を解決する手段としては、これを放棄する」（これは自民党憲法草案にも残っている）という原則とは相容れない。また、国連などの掲げる「人道的介入」や「平和構築」などの「国際社会の公共性」がはたして多様な意見を反映した「公共性」なのかどうか、という問題も残されている。

この文章で私が考える市民の平和協力は、非軍事・非武装に徹して行なわれる。したがって、軍事力を前提とした「平和構築」や「人道的介入」などに協力することも、軍隊と「パートナーシップ」を結ぶこともできない。

自衛隊・ODA・NGOの三位一体

ところが自衛隊が海外で「国際貢献」をする機会が増えるにつれ、それに対する違和感が弱まり、紛争地などで「自衛隊・ODA・NGO」が三位一体となって国際平和協力を進めようという雰囲気が強まっている。東ティモールでの国連PKOに自衛隊を派兵した二〇〇〇年頃から、日本政府は国際協力にかかわるすべての組織を一緒にして「オール・ジャパン」と呼び、国民的立場を強調するようになってきた。また市民による平和協力の担い手であるべきNGOの中にも、「オール・ジャパン」の受け皿として外務省が求める「強くてたくましいNGO」づくりに同調する動きが出てきた。[3]

その一例として、日本のNGO向けのODAである「日本NGO支援無償資金協力」がある。二〇〇五年から、この資金を使うNGOに対して「我が国ODAの被援助国における広報強化の観点から、特段の治安上の理由の無い限り、供与機材・施設等には可能な限りODAマーク又は日章旗マークを表示すること」とし、銘版表示の場合には更に「日本政府又は日本国民からの援助であることを明示」することが条件となった。この「ODAマーク・日章旗の明示」について、NGOの間で議論したり、政府に対して意見を言ったりしたということは聞いていない。

「たかがシールを貼ることなのだから、そんなに重要な問題ではない」という気持ちが、資金をもらうNGOの中にあるのかもしれない。しかし政府から「独立」している組織であるNGOが、この問題について、自分たちの活動の独自性、国家によるNGOに対する管理などという視点から発言しないというのは、NGOと呼ばれる組織全体の中に政治や社会の動きを批判的に見る力や社会を変えようとする運動の一員であるという意識が弱まっていることの反映ではないか。ま

3　越田清和「NGOは国家と袂をわかつことができるのか」『インパクション』一四四号（インパクト出版会、二〇〇四年一二月）を参照。

して日本のNGOが活動している場所の多くは、かつて「日の丸・君が代」を前面に押し立てて「大日本帝国」が占領した地域であり、そこで多くの人びとの命を奪っていたのである。「たかがシール」ということでは済まされない。

資金の名称に「日本」をつけ、「可能な限りODAマーク又は日章旗マークを表示すること」が条件として明記されるようになったのは、ODAからの資金提供を受けるための集団から排除されたくなければ、「日本政府の一部である」ことを明示しろというソフトな形でのNGOへの「脅し」である。

このように資金面でNGOに譲歩させていくことが、NGOに「オール・ジャパン」の一員という意識をもたせる第一歩になっていくのかもしれない。

市民による平和極力の原則

このように「自衛隊・ODA・NGO」が三位一体となって進められる「国際平和協力」が力を持つ中で、市民やNGOによる非軍事の平和協力は何を原則にして、どう進めていけばいいのか。また、国連PKOや多国籍軍による「人道的介入」のような「国際社会の公共性」と一線を画す論理の根拠をどこに求めればいいのだろうか。

私はこれまで、「国際平和協力」という国策に市民やNGOが巻き込まれそうになっている現実について、やや悲観的に書いてきた。しかしNGOが行なってきた国際協力や紛争地での緊急援助活動が無視できないほどに広がり、一定の成果をあげてきたから、国家が自分たちの側に取り込もうとしているのだ、と考えた方がいいだろう。市民やNGOのイニシアティブによる非軍事に徹した平和協力が広がっていくこと、その活動を通じて、世界で起きている不正や社会問題に疑問を持ち、その背景や世界的な構造を考え、自分の体を動かしてその問題に迫っていく人たちが増えることは大きな希望である。

国家や国益から独立し、「人権」あるいは「社会正義」などの普遍的理念を掲げて行動するNGOや市民の活動や考え方は、本来、国民国家の枠組みを超えるはずのものである。その方向性をもう一度はっきりさせて、国家や国民という立場に囲い込まれないようにすることが、いまNGOにとって大事になっている。

もうひとつ大事なのは、戦争を行なっている国家および国際社会への非協力という姿勢を明確にすることである。その際に掲げるべきは「非軍事・非武装・非暴力に徹した市民的不服従」という原則ではないだろうか。鶴見良行は、かつて、憲法前文と九条は「国の自衛戦争をも認めない絶対的非武装主義」であり、それを宣言した日本は国家ではない「全く新しい組織集団であったはず」である、この原理を自覚的にとりあげることには新しい意味があると述べた[4]。「いつの日かこの運動（憲法九条を中心とする平和運動のこと…引用者）のはてに、日本から米軍の基地が撤退し、沖縄の核基地も消えて返還され、自衛隊員が一般社会に吸収され、アメリカの原子力潜水艦が日本に寄港しなくなったときに、わたくしたちの住む社会は、もはや日本国家ではなく、

4　鶴見良行「日本国民としての断念――『国家』の克服をいかに平和運動へ結集するか」『鶴見良行著作集2　ベ平連』（みすず書房、二〇〇二年）

私たちもまた国民ではありえない」[5]という鶴見の視点を手離さず、そこから、市民による平和協力について考えたい。

地域で平和に生きる権利

まず、地域で平和に生きる権利のことから考えたい。私は北海道に住んでいるが、イラク戦争に派兵された陸上自衛隊の第一陣は、北海道に司令部を置く「北部方面隊」の部隊だった。これは何も今回の派兵に限ったことではなく、カンボジアへの派兵も東ティモールへの派兵も、第一陣は北海道からだった。「北部方面隊」というのは、陸上自衛隊の精鋭部隊なのである。

「北海道」という島には、自衛隊関連施設が多い。北海道にある全市町村の約三分の一に駐屯地などの施設がある。矢臼別や島松、恵庭などの広大な演習場も入れれば、日本の自衛隊施設の面積の半分近くが北海道に集中している。札幌を除けばほとんどの町で人口が減っている北海道では、家族を含めた自衛隊員がいなくなれば経済と生活が根こそぎ崩れていく地域も多い。

マイケル・ムーア監督の『華氏九一一』では、廃屋の続く街並みや貧困層の集まるスーパー・マーケットの駐車場で若者を勧誘する海兵隊員の姿を描き、貧困と軍隊が結びついていることを改めて気づかせてくれた。北海道も同じような状況である。高校生の就職内定率が七四%という就職難の下で、自衛隊一般隊員の受験者は増加している（『北海道新聞』二〇〇四年四月二八日）。また財務省が北海道にある陸上自衛隊の定員三万人、駐屯地三十ヵ所を削減するという案を発表

5　前掲、鶴見論文（註4）、九五頁

した直後に、陸上自衛隊の駐屯地を持つ道内三十七市町の首長でつくる「北海道の自衛隊存続を求める会」が、財務省や防衛庁を訪れ、道内の部隊を削減しないように求めている（『北海道新聞』二〇〇四年一二月四日）。

こうした雰囲気の下では、「平和に生きる」ことと「地域をつくる」ことは重なってくる。自衛隊に依存しなくても、喰っていけるというヴィジョンを打ち出せるかどうか、地域という軸をはっきり持って、「戦争」や自衛隊、平和を考えることが今まさに問われている。沖縄・読谷村の知花昌一は「平和でなければ『商売』はできない。（中略）基地をなくして、平和にして、生活の場を拡大して、商売人として生きる。これが夢なんですよ」と語った[6]。この夢を現実にしていくことを、地域における平和づくり、そして非軍事に徹した平和協力の目的にしていきたい。

非軍事に徹した「国際協力」――ODAと国際救助隊

人びとが平和に生きる権利について考えることは、日本のような「大国」が非軍事に徹した国際協力をどう具体化していくのかという問題でもある。そこにはふたつの問題がある。ひとつは、いま主流となっているODAと自衛隊による国際協力をどう変えていくかということ。もうひとつは、市民・NGOによる平和協力をどういうものにしていくか、という問題である。

ODAについては、「平和的生存権」確立のためにのみ使うものへと変えていくことが必要である。この表現では多くの異なった解釈を許す余地があるから、なお議論すべき点は多い。とく

6　知花昌一「反戦・平和でメシを喰おう」天野恵一編『平和をつくる――「新ガイドライン」と沖縄闘争』（インパクト出版会、一九九八年）

に現在のODAは「平和構築」や「人間の安全保障」を重点分野にしているので、それと私たちが考える「平和的生存権」の違いを明確にすることが緊急の課題である。

具体的には以下のことが考えられる。

(1)「平和を維持」するために、軍備の縮小、兵器製造・兵器貿易の禁止、紛争の真相究明および犠牲者への支援、難民への緊急支援、人権擁護や草の根民主主義の徹底のためにODAを使い、「反テロ」や「治安維持」などの軍事行動とそれを間接的に支援する資材や機材供与（車両や通信施設など）には使わない。

(2)「専制と隷従、圧迫と偏狭を地上から永遠に除去」し、「ひとしく恐怖と欠乏から免れ」るためには、人権とりわけ「社会的・経済的・文化的権利」の実現という視点からODAを見直し、絶対的貧困の根絶と貧困層のエンパワーメントのためにODAを使う。イラク復興などへの多大な資金協力を見直す。

(3)「平和構築」を進める際には、ガイドラインを作成し、占領・戦争の一方の当事者とは一線を画すことを明確にし、人権状況の改善に注目し和平プロセスに関わる。草の根レベルでの経済回復を前提にした復興支援を行なう。

自衛隊による「国際平和協力活動」については、自衛隊が海外で活動することは憲法違反であるという原則をはっきりさせながら、同時に、国家による非武装の緊急援助の専門組織をつくるという議論を始める必要があるのではないだろうか。

スマトラ沖大津波による被災者の緊急援助には、陸海空あわせて約千六百人の自衛隊員が参加した。日本国内でも災害救援を行ない、いつでも使える資機材も人材も豊富に持つ自衛隊が海外でも緊急援助をすることは、そんなに変なことではないように見える。災害の時には自衛隊、という意識が私たちの中にもある。しかし物心ともに大きな痛手を受けた被災者の救援には、やはり軍事組織の自衛隊ではなく、専門のトレーニングを受けた非軍事の救援組織があたった方が良い。

すでにあるJICAの「国際緊急救助隊の医療チーム・救助チーム」を充実させ、NGOや地方自治体との協力体制をつくり、現行の「国際緊急援助隊法」を改正し、「紛争に起因する被害への緊急援助」にも参加できるようにしていくことを考えるべき時期に来ている。このような非武装・非軍事の国際救助隊については、憲法学者の水島朝穂らが一九九二年に「ニッポン国際救助隊法(案)」を発表している。[7] NGOなどによる経験を生かしてこの案をさらに豊かにしていくことも考えるべき方法のひとつである。

連帯としての平和協力

市民・NGOによる平和協力は、「人道」や「平和」といった官製の「公共性」と一体になるのではなく、市民レベルでの連帯の一環であるという方向をはっきりさせた方がいい、と私は考えている。この考えは、東ティモールにおける緊急・復興援助の経験から生まれたものだ。

7 サンダーバードと法を考える会編『きみはサンダーバードを知っているか――もう一つの地球のまもり方』(日本評論社、一九九二年)

一九九九年、住民投票で独立を選んだ東ティモールでは、インドネシア軍と民兵団による暴虐がエスカレートし、国連は多国籍軍を派遣した。ところが、この「人道的介入」の前提は、多国籍軍が暴虐行為の張本人であるインドネシア軍と協力するというものだった。その後に展開した国連PKOによる復興プロセスも、誰が東ティモールを破壊したかを一切問わずに、国連機関や世界銀行が主導する「小さな政府」づくりだった。[8] 民族自決権を実現しようとした東ティモール人を脇に置いたまま平和構築(「人道的介入」と「復興」)なるものが進んだのである

市民・NGOが行なう平和協力は、このような「平和構築」とは違う。

東ティモールであればインドネシアによる植民地支配に対してたたかってきた人びと、イラクであれば米英の占領に抵抗する人びと、つまり自分たちの主権のために立ち上がった人びとへの連帯を前提とする平和協力、それが市民・NGOによる平和協力の基本である。そのうえで、医療や食糧、水などの緊急支援、人権や基本的自由を実現するための協力、富の不平等な分配と貧困をなくすための協力など、具体的な支援が進められることになる。

この文章の冒頭でふれた斎藤さんがいたハート・セキュリティ社は、イラクで「送電線の警備やイラク治安部隊の訓練、メディアや企業関係者の警備など」をしていたと言う。[9] イラクにいる日本のメディアや日本政府が、同社に「警備」を依頼しているかどうかはわからないが、いずれにせよ同類の会社に「警備」を頼んでいるはずだ。二〇〇四年四月、イラクで日本人が拘束された時に声高に言われた「自己責任」とは、民間人は戦争請負会社と契約を結んで「自分たちを警

8 越田清和「紛争後の復興支援とNGO」藤林泰・長瀬理英編『ODAをどう変えればいいのか』(コモンズ、二〇〇二年)を参照。

9 本山美彦「イラク戦争と軍事請負会社(後編)」『派兵チェック』一五四号

備する責任」があるという意味でもあったのである。

いま市民やNGOが日本という狭い世界にとどまらず、積極的に「戦場・難民・飢餓・貧困」などの現場に出かけて活動しようとする時には、この「自分たちを警備する責任」を意識せざるをえない。イラクで拘束されたひとり、今井紀明君のように、「危険な劣化ウラン弾がなぜ使われ続けているのか」という素朴な疑問からスタートしその背景や世界的な構造を考えようとし、イラクに行こうとする若い層が増えることは歓迎すべきことだ。そして彼のような若者が少数だとは考えない。

このような市民による非軍事の平和協力が広がることが、結果的に「国際貢献」になり、「憲法九条」と「前文」を具体化することになるのではないか、と考えている。日教組のスローガン風に言えば、「教え子を戦場に送るな、兵士として。しかし教え子を難民や飢えに苦しむ人のいる世界に送ろう、ボランティアやNGOスタッフ、ジャーナリストとして」となる。

しかし市民が、NGOのメンバーとしてあるいは個人ボランティアとして戦地や難民の苦しむ地域に出かけて行くようになれば、危険を避けようとしても、犠牲者が出てくることは避けられなくなるだろう。非軍事の市民による国際協力を行なおうという者たちは、そうした犠牲をどう考えるか、また犠牲を出さないためには何をすべきかを、正面から考えなければならない時に来ている。

こう書きながら、私自身、どう考えればいいのかよく分からない。非軍事の市民による国際協力を行なう時に、「戦争請負会社」や自己武装に頼らない非武装の安全確保とは何か、非暴力に徹するという方法論、かりに犠牲がでた時にそれをどう受け止めるのか、などの問題については、大きな宿題である。

自衛隊に応募する人の中に「国際貢献をしたい」という動機が増えているという（『北海道新聞』二〇〇四年四月二八日）。これは「国境を超えた活動」が国家によって先取りされていることを示している。市民による「国境を超えた活動」、国家を相対化するために、そして平和へのイニシアチブを市民が取り戻すために、平和的生存権と九条に基礎を置いた市民の平和協力を進める必要がある。

（二〇〇五年一〇月三日、一一月三日改稿）

第6章

ジェンダーの視点からみた憲法九条
――軍隊と女性に対する暴力

秋林 こずえ

あきばやし こずえ
1968年生。平和教育・ジェンダー研究。安全保障の脱軍事化を目指す女性国際ネットワークで活動。

一九四五年の敗戦とともに、国家としての日本は武装解除された。そして一九四六年に制定された憲法は、戦争放棄の九条を有することにより「平和憲法」と呼ばれてきた。あたかも日本は軍事国家ではなくなったかのようなイメージが、日本の市民には漠然と共有されてきたのではないか。その後、アジア地域では熾烈な戦争がたびたび行なわれたにもかかわらず、それらに直接、参戦することがなかった日本は、隣国の韓国が持つような皆徴兵制度も持たず、あからさまな軍事力の保持は社会では容認されてはこなかった。

しかし、それは日本社会の脱軍事化を意味しただろうか。九条が示すような、武力に依らない社会の構築が真剣に行なわれただろうか。沖縄を米国にさし出して軍事占領下におき、平和憲法は日本「本土」だけに適用された。そして、沖縄には東西冷戦の「熱戦」を行なう米国の前線基地としての機能が強いられた。それは冷戦終結後も継続し、米国と日本「本土」によって米国のグローバル軍事戦略を遂行するための「負担」が沖縄に押し付けられている。沖縄の人びとが安全に生活する権利と安全保障を踏みにじり、軍事主義は生き続けた。

加えて、一九五〇年に警察予備隊として発足した自衛隊は、いまや強力な軍備を保持する世界有数の軍隊となった。「軍隊」という名称を持つ組織が存在しなくとも、日本の社会は軍事的価値観を維持したばかりでなく、それを強化し続けてきた。つまり日本社会は脱軍事化しなかったし、軍事主義は増強されてきたのである。

そして、二〇〇一年の九・一一後のグローバル規模の急速な軍事化が民衆の安全保障を脅かしていることは無視し、自民党は「憲法改正」を主張し、「戦争放棄」を「安全保障」と言い替えて武力保持の正当化を図り、戦争放棄の理念を捨てようとしている。軍事化は着実に進行しているのである。

脱軍事化はどうしたら可能だろうか。フェミニスト国際政治学者で軍事化研究の第一人者であるシンシア・エンローは、軍事主義だけでなく、軍事化という過程に目を向けることが、脱軍事化の実現に重要であることを指摘している。軍事主義が進行する過程を検討することによって、それを逆行させる方法が考えられるというのである。そして、その作業のために「フェミニストの好奇心」、つまり、ジェンダーの視点が必要であると述べている。[1]

この軍事化の進行を民衆の力で止めて、さらに脱軍事化のプロセスを始めるために、本稿ではジェンダーの視点から九条の意義を考えたい。そのために九条の意味を、軍隊と女性に対する暴力の視点から検討する。

1　シンシア・エンロー／秋林こずえ訳『フェミニズムで探る軍事化と国際政治』（御茶の水書房、二〇〇四年）

ジェンダーの視点からみた九条——家父長制を解体

軍隊がなければ安全ではないと考え、紛争に備えて軍事力を保持することは、問題・紛争は「力」で解決するという姿勢を社会が持つことを意味する。そしてその場合の「解決」とは、「敵」の存在を自明のこととし、それを破壊し殺すことに他ならない。武力による紛争の予防は、力を武器にして相手の攻撃を「抑止」することである。これは紛争や問題の根本的な解決にはならない。

九条一項は、武力で国際紛争を解決することを明確に否定し、二項はそのために武力の保持を否定する。この九条をジェンダーの視点から検討すると、どのような意味を持つのか。

九条を真摯に実践するならば、国家は戦争の準備をしない。戦争を遂行するために必要な軍隊を持たず、軍事を優先する軍事主義的価値観をもつ必要がなくなる。そうすれば男らしさ、女らしさという役割に人びとが押し込められることはないだろう。なぜなら、フェミニストが明らかにしてきたように、戦争を遂行するには、それぞれの文化において、ある種の「男らしさ」と「女らしさ」が規定され、それに基づくヒエラルキーが必要とされるからである。

九条が、真に実践されたなら、男性も女性も戦争に駆りだされることはない。多くの男性は「愛する人のために国を守る」といった名目で戦争に行く必要はないし、多くの女性は戦争に出た男性の銃後を守ることも、男性が戦争に行くためのチア・リーダーをすることもない。

こうして九条を実現するならば、家父長制は崩壊するのではないだろうか。あるいは、家父長制を崩壊させなければ、九条の実現はないのではないだろうか。

多くのフェミニストが軍隊のジェンダー分析を行い、そして軍隊と家父長制が相互に支えあうことを確認してきている。その場合の家父長制とは、「イエ」制度だけを指すのではなく、社会のヒエラルキー的構造を表す概念である。戦争とジェンダー表象について芸術分野で研究してきた若桑みどりは家父長制を以下のようにまとめている。

……第一に、年長の男性による女性および若年、子どもの支配と権力の独占と定義される。また第二に、それは政治・経済、社会、文化の各領域における権力の中枢からの女性の排除と「周縁化」でもある。第三にそれは家長による女性の生産力(子どもを産むこと)と性的な身体の「私有」と、家庭への「囲い込み」を意味する。第四に、それは男性による公的領域の独占、社会的な事柄の意思決定、たとえば戦争などの重大な行動の意思決定などが、男性によってなされるという、社会や国家における「男性の主流化」を自然なこととして継承してきた。第五に、それは教育、文化、道徳によって、力で支配する「男らしさ」、男性に従属する「女らしさ」という強制的な「人格の制度化」を行ってきたのである。[2]

狭義の家父長制的「イエ」制度について直接関係する憲法の条項は、婚姻における両性の平等を保障する二四条である。憲法学者の若尾典子は、軍事力を否定する九条があるからこそ、家族関係における両性の平等と個人の尊厳を保障する二四条があるのではないかと、九条と二四条の関連性について問い掛けている。[3]

そして若桑が分析するように、家父長制を社会制度として見たときに、武力に依存する軍事的価値観がその根底にあることがわかる。教育社会学者のロバート・コンネルは、「男らしさ」の中でもこの力で支配する「男らしさ」を「覇権的男らしさ」と呼んだ。[4] 家父長制社会は、女性や覇権的男らしさを持たない男性などが支配される構造になっているのである。このような社会秩

2 若桑みどり『戦争とジェンダー——戦争を起こす男性同盟と平和を創るジェンダー理論』(大月書店、二〇〇五年)一〇—一一頁

3 若尾典子『ジェンダーの憲法学——人権・平等・非暴力』(家族社、二〇〇五年)一五〇—一五一頁

4 Connell, R. W., *Masculinities: Knowledge, Power and Social Change*, University of California Press, Berkley, 1995.

序は、武力で紛争や問題を抑え込むためには不可欠だが、九条が描く非暴力の社会には不要である。九条は、家父長制による社会のあり方を否定するのである。

軍隊の本質――「敵を組み伏せる技術」

逆に、九条を捨てて軍事力を持つのが「普通の国家」であると認めることは、軍事的価値観が公に共有されることを意味する。それでは、軍隊の本質とは何か。日本でそれを一番良く知っているのは沖縄の人びとである。

米軍基地が集中する沖縄県中部で育った富田由美（仮名）は、一九八〇年代、高校生のときに米兵に性暴力を受けたサバイバーである。当時は性暴力の被害者に対して家父長的社会が向ける批判的な眼など、いわゆる「セカンド・レイプ」を恐れ、被害を届けなかった。一九九五年に米兵による小学生の女の子への性暴力事件が起こったときに、彼女は訴えでなかった自分を責め、自分が訴えていればこの事件はおきなかったのではないかとさえも考えたのである。その後、彼女は平和運動に参加し、脱軍事化のための活動を続けている。[5]

その彼女が二〇〇五年七月に沖縄市で起こった小学生の女の子に対する米兵による性暴力事件の際に、サバイバーとして稲嶺恵一沖縄県知事に宛てて手紙を書いた。朝、日曜学校へ行く女の子たちを基地外の住宅に住む米兵が襲うという、沖縄のこのような状態を一刻も早く終らせるために、知事に基地をなくすように訴えた。

5　富田由美による資料集『涙を勇気に変えて』（二〇〇五年一一月）

稲嶺知事、こんなにも多くの被害が起こる原因はいったい何でしょうか。私達「被害者」が、「沖縄人」がいったい何をしたというのでしょうか。基地があると言うだけで、朝から子どもを遊びに出すこともできないことが、私達の望む沖縄の姿なのでしょうか。

米兵達は今日も我が物顔で、私達の島を何の制限もされずに歩いています。仕事として「人殺しの術」を学び、訓練している米兵達が、です。稲嶺知事、一日も早く基地をなくして下さい。[6]

ここで彼女は「人殺しの術」を訓練するという、軍隊の本質的について述べ、外国軍が長期駐留する前線基地である沖縄では、女性や子どもの安全がその軍隊によって常に脅かされていることを指摘している。

この手紙を沖縄県選出(二区)の東門美津子衆議院議員(当時)が七月一二日の外務委員会で取り上げた。それに対して町村信孝外務大臣(当時)は、「被害者の心情は受け止めなければならないが、軍隊があるから日本の平和と安全が保たれたとの一面がすっぽり抜け落ちている」(『琉球新報』二〇〇五年七月一三日)と述べた。さらに翌日の参議院外交防衛委員会でも、大田昌秀参議院議員の質問に、重ねて、「『軍隊は人を殺すだけの存在』というのはいささか一面的ではないか」という見解を述べている(『琉球新報』二〇〇五年七月一四日)。

この件については、全国紙では殆ど報道されなかったが、沖縄では地元の二紙が大きく紙面を

6 謝花直美「性暴力もう二度と」『沖縄タイムス』二〇〇五年七月九日

割いた。また市民から町村外務大臣への抗議の投書も掲載された。[7] また、沖縄「基地・軍隊を許さない行動する女たちの会」が発表したこの事件への抗議声明は、米国独立記念日（七月四日）前後は米国と基地内は連休になるが、二〇〇〇年にもこの連休の最中に米兵が性暴力事件を起こしていることを指摘している。米兵にとっての休暇は、基地周辺の住民にとっては米兵の暴力に気をつけなければいけない、安全が保障されない期間なのである。[8]

町村外務大臣には、米軍によって誰の平和と安全が守られ、誰の平和と安全が犠牲になったかという視点が欠如している。軍事的国家安全保障では、守られる人びとと守られない人びとが分けられるのである。この発言に対して、富田は七月二二日付けで書簡をしたため、外務省沖縄事務所へ抗議に行く女性たちに託した。その中で、沖縄の人々の命にかかわることを「負担」と表現した町村外務大臣に抗議するとともに、次のように述べている。

また、私の言う「戦争の訓練をしている」とは、訓練を通して「他人を組み伏すことのできる技術を持っている」と言うことでもあります。その点で軍人の犯す犯罪は、軍人以外の事件と大きく異なると思います。私に［事件のときに犯人から］発せられた「殺せるぞ」と言う言葉が、そのことを大きく物語っていると思います。[9]

軍隊とは、敵を破壊することが至上の目的である。それには、敵の人間を殺戮することが含ま

7　宜野座映子「無神経すぎる外相発言　被害女性手紙の再読願う」『沖縄タイムス』二〇〇五年七月二三日

8　基地・軍隊を許さない行動する女たちの会「嘉手納基地所属兵士による少女への性暴力を許さず軍隊の撤退を求める要求書」（二〇〇五年七月五日）

9　前掲、『涙を勇気に変えて』（註5）

れる。そして、個々の兵士は、敵を殺せるように訓練を受けるのである。ベトナム戦争に米国海兵隊員として従事し、現在は平和運動家として活動するアレン・ネルソンは、海兵隊の訓練で、素手で人間を殺す方法を数十通り身につけたという。[10] その訓練の内容を見る上で、ジェンダーの視点は重要である。

軍隊と女性に対する暴力——女性・女らしさの否定により成立する軍隊

敵を「同じ人間」と考えては、到底、攻撃することはできない。兵士達、特に白兵戦の任務を負う兵士達には、敵を非人間化するためにさまざまな方法で訓練が施される。フェミニスト平和研究者のベティ・リアドンは、非人間化の最初のプロセスとして必要な「他者化」には、発達段階のもっとも早期に子どもが習得する区別である性別とそれに基づくジェンダー差別が有効に作用するのではないかと指摘している。[11] 生物学的な違いに、文化的な優劣をつけることによって階層化がはかられる、ジェンダー化である。

そして、このジェンダー化を強化するのが軍隊の訓練であり、兵士による女性に対する暴力を生む構造ではないか、と主張するのが沖縄の女性たちである。[12] 軍隊では、敵を力で倒すという目的を達成するために、暴力を行使する訓練を行っている。そこでは女らしさは極度に卑下される。そして、ある種の女性は守るべき存在でありながら、それとは別に、兵士が兵士として必要な男らしさを顕示する対象の女性たちも存在する。アジアに駐留する米兵にとってアジアの女性は後

10　アレン・ネルソン『I Know War—Allen Nelson Cries Out for Peace　アレン・ネルソンの「戦争論」』(かもがわ出版、一九九九年)

11　ベティ・リアドン＋藤田秀雄「対談　平和のための教育を語る」『月刊社会教育』No.574(国土社、二〇〇三年八月)四—一一頁

12　高里鈴代『沖縄の女たち——女性の人権と基地・軍隊』(明石書店、一九九六年)

者であり、それが沖縄だけでなく、韓国やフィリピンでの兵士による性暴力となって表出する。
この沖縄の女性たちによる軍事的国家安全保障への異議申し立ての運動は、連綿と続いてきた沖縄での女性に対する米軍兵士の性犯罪とそれを不可視化し、安全保障の問題として取り上げてこなかった日本社会と沖縄社会における家父長的価値観も問題化した。沖縄の女性たちによる軍隊のジェンダー分析は、日夜、敵を組み伏せるための訓練をする兵士たちがフェンスの向こうにいる沖縄で暮らしてきた女性たちの経験から導きだされたものである。そして彼女たちが世界に向けて訴えた沖縄における米兵による性暴力の問題と軍隊のジェンダー分析は、世界の女性平和運動の中でも注目されている。それは世界中で頻発する武力紛争下における性暴力の構造を考える上で、「平時」と「戦時」が構造的に連続していることと、それが軍事力の保持を当然とする社会そのものの問題であることを明らかにするからである。
軍隊に内在する「女らしさ」の否定は、軍隊内の性暴力という形でも現れる。同僚である女性兵士への性暴力と、男性兵士によるドメスティック・バイオレンス（DV）が主な問題であり、この点で調査が進んでいるのは米国である。二〇〇〇年には、軍隊内での士気への影響を懸念して、制服組と米国国内の主な民間シェルターのスタッフによる軍隊内でのDV対策タスクフォースが結成され、兵士によるDV問題に取り組んでいる。[13] また、軍隊での性暴力やDVについて相談をうける民間組織のマイルス財団によれば、軍隊では民間よりもDVの発生率が高いという。[14]
徴兵制度もまた、家父長制と相互に作用する。皆徴兵制を持つ韓国で、人びとにとってはあま

13 Defense Task Force on Domestic Violence. (2001). "*Initial Report*".

14 the Miles Foundation. http://hometown.aol.com/milesfdn/myhomepage/

りに「当たり前」な軍隊と軍事主義の浸透について、ジェンダーの視点から本格的な分析を行ったのがクォン・インスク（權仁淑）である。クォンは一九八〇年代、ソウル大学の学生だったときに民主化運動に参加して逮捕され、警察によって性的拷問を受けたが、それを初めて公にし警察を訴えたことで韓国では知られている。クォンは、韓国では軍隊の存在について疑問は殆ど呈されず、それは軍事政権下で直接抑圧された自分もそうであった、という。しかし、その後、女性学の研究を始め、韓国社会では日常生活での「男らしさ」と「女らしさ」が徴兵制によって軍事化され、規定されていることを明らかにした。[15]

軍隊においては、「女らしさ」を卑下し嫌悪することで、「覇権的男らしさ」が確立される。新兵が「女」と呼ばれ、兵役を終えるとやっと「一人前の男」になる、などがそれである。そしてそれは軍隊の目的を達成するために訓練に組み込まれている。しかし、これは軍隊に入って初めて接する価値観ではない。この家父長制は私たちの生活する日常なのである。

軍隊による女性に対する暴力という視点からのジェンダー分析は、軍事的国家安全保障の構造的な問題点を明らかにする。それは、軍隊とは、ジェンダーという差異の階級性に成立するものであり、それに依存する安全保障体制は、家父長制における被支配者を守らないということである。

九条の実現と女性に対する暴力のない社会——真の非暴力

15　權仁淑／山下英愛訳「韓国の軍事主義とジェンダー」「女性・戦争・人権」学会学会誌編集委員会編『女性・戦争・人権』六号（行路社、二〇〇三年）六四―九一頁九条は、法の力で社会を成立させるという立憲主義の根幹を成す条項である。そして、日本が非暴力を規範とする国家であると宣言する条項である。それは、武力で紛争を解決するための社会制度である軍隊を否定し、構造的暴力である家父長制を否定するという意味を持つ。ゆえに、九条を真摯に実践する社会では、女性に対する暴力も許されないだろう。軍隊と家父長制は相互に支えあうが、九条の真の実現と女性に対する暴力の根絶はどちらが欠けても実らないのではないか。

九条を実践するから女性に対する暴力が許されないという認識が一般化していくのか、女性に対する暴力を許さない社会は九条を真に実践していくのか。どちらか一方が先に達成されるわけではないだろう。脱軍事化を推し進めるためには、両方の達成を目指していく必要がある。

第7章

「安全」をめぐる地域での攻防
——国民保護法制に抗して非軍事化に取り組む

白川 真澄

しらかわ ますみ
1942年生。『季刊ピープルズ・プラン』編集長。著書『脱国家の政治学』(1997年、社会評論社) ほか。

はじめに

いま、地域の住民と地方自治体をそっくり有事法制（戦争協力体制）の中に組みこもうとする企てが、国民保護計画の作成、住民を動員した実働訓練として進んでいる。

有事法制の中心柱のひとつである国民保護法制は、外国による「武力攻撃事態」やテロなどの「緊急対処事態」から「国民の生命、身体および財産を保護する」仕組みである、とされている。為政者の側も、「国を守る」、つまり国家という抽象的な存在の「安全」を守るというレベルから、「国民を守る」、つまり地域で暮らす住民の安全を守る仕組みを作るというレベルに踏みこんできたのである。したがって、「国民の安全」を守る仕組みの確立に誰も異議を唱えることはできないはずであり、これに市民や住民が進んで協力するのはごく当然のことだ、という空気が支配している。市町村の議会の中でも、国民保護法に定められた国民保護計画の策定や国民保護協議会の設置に反対したり、疑問を投げかける声は、非常に少ない。

しかし、国民保護法制は、実際には「国民を保護する」と称して「国民の自由と権利を制限する」仕組みである。それは住民を避難させるという名目で、自衛隊や米軍の作戦行動の邪魔にならないように住民を強制移住させることができる。それは、防災・防犯と軍事を一緒くたにして「安全」を守る相互監視と動員のネットワークを地域社会のすみずみにまで張りめぐらす。そして、地方自治体から自治権を奪って、再び国家の下請け・動員機関に変えてしまおうとする。

私たちは、これに対して次のような原則と政策を対置する。人びとの安全を国家と軍隊に委ねることはできない。軍隊や基地の存在、海外への派兵と米軍と一体化した行動こそが、市民の安全を脅かす。派兵をやめさせると同時に、自分たちが暮らす地域から軍隊と基地を撤去させ、道路・港湾・空港・病院などの軍事利用を認めず、非軍事化を実現し、憲法九条を地域から具体化する。そして、地方自治体が中央政府と対等な自立した地方政府として、国家の戦争体制への非協力を貫き、地域住民の安全（生存や人権）を守る独自の政策を実行するように働きかける。

「武力攻撃排除」と「国民保護」――有事法制の二本柱

有事、すなわち戦時に対応する法制は、十の法律（武力攻撃事態法、二〇〇三年改正自衛隊法、改正安全保障会議設置法、二〇〇四年改正自衛隊法、米軍行動円滑化法、外国軍用品等海上輸送規制法、特定公共施設利用法、国民保護法、国際人道法違反処罰法、捕虜等取り扱い法）と二つの条約（ジュネーブ条約追加議定書と改定日米物品役務提供協定）から成り立っている。その中心は、武力攻撃事態法である。それは、「武力攻撃事態」への「対処措置」としてふたつの内容を定めている。

ひとつは、「武力攻撃事態を終結させる」ための戦闘行動である。すなわち、外国からの「武力攻撃を排除する」ための自衛隊と米軍による「武力行使、部隊の展開」、そしてそれを支える兵站活動である。簡単に言えば、日本に侵攻してきた敵に対して戦争を行なうことである。もうひとつは、「武力攻撃から国民の生命・身体および財産を保護する」活動である。さらに「国民生活および国民経済に及ぼす影響」を最小にするために生活関連物資の価格統制や配分を行う措置が加わる。この「国民保護」措置を主として担うのは、地方自治体である。

「国民保護」措置の内容を詳しく定めたのが、全文百九十五条から成る国民保護法である。その措置の概要は、次のようなものである。「武力攻撃(予測)事態」や「緊急対処事態」が起こると、対策本部長(首相)は警報を発令し、避難が必要な地域や避難先の地域の知事に避難措置を指示する。知事が住民に避難ルートや交通手段を指示し、市町村が避難住民を誘導する。知事は、首相の指示に従って避難住民に収容施設・食品・水・寝具・医療の提供など救援を行なう。また、首相は災害対処を指示し、知事は住民に退避を指示し、市町村が消防などの活動を行なう。放送局やバス会社など指定公共機関とされた民間企業は、警報の伝達や住民の避難を担う。さらに、県と市町村は国民保護計画を作成し、国民保護協議会を設置し、訓練を実施する。

二〇〇三年に国会に提出され成立した有事関連法(武力攻撃事態法、改正自衛隊法、改正安全保障会議設置法)は、自衛隊の戦闘行動の自由を確保することが中心内容であった。これに対して、軍事優先で国民保護が後回しにされているという批判が噴出し、多くの自治体が有事関連法に反対・慎重の態度を表明した。政府は翌年、この批判を逆手にとって国民保護法を定めた。「国民保護」活動を担う主体は地方自治体であるから、その制度を法的に整備したことは、自治体と地域社会を組み入れた有事＝戦時体制が生まれたことを意味する。国家にとって、地方自治体が国民保護を積極的に担ってはじめて、有事法制という名の戦争協力体制は実際に作動するからだ。

軍隊の戦闘行動と住民保護は両立しない

武力攻撃事態法では、ふたつの対処措置が無造作に並べられている。自衛隊や米軍による戦闘行動（戦争）と地方自治体による住民の避難や救援の活動（住民保護）とが、同じ地域で同時進行するという想定になっている。だが、両者は並び立たないのである。

たとえば、道路は軍隊の戦闘車両の移動にも使われるし、住民の避難のルートにもなる。したがって、道路を自衛隊や米軍が優先的に使用するのか、それとも市町村が避難経路として優先的に使用するのかというジレンマが発生する。

司馬遼太郎は「歴史と視点」の中で、北関東から南下する戦車と北に逃げる東京や横浜の市民たちとがぶつかるときにどうするのかと大本営の将校に質問したところ、将校が昂然と「轢き殺していく」と言ったというエピソードを語っている。これを紹介しながら、川崎市の猪股美恵市議が市に問いただしたところ、市は「避難経路が自衛隊の出動経路と競合することのないよう、対策本部長（首相）により、知事と防衛庁の間で、道路利用の調整が行われます」とだけ答えた。[1]住民避難のために道路を優先的に使用できるように努力するとは答えなかったのである。

戦時においては、軍事の論理が優先することは避けられない。国家（首相）は、住民避難のためよりも自衛隊や米軍が作戦行動のために道路を優先使用することを認めるにちがいない。ここに、災害救助を模した「国民保護」措置の虚構性が露呈されている。

武力攻撃事態に対する住民の避難や救援の活動は、大地震や原発事故などの災害救助の活動を

1　猪俣美恵『国民保護協議会及び国民保護計画について』（二〇〇五年一〇月三日）

モデルにしている。すなわち、原因や性質の異なる「戦争と自然災害を同一視する思考が貫かれている」。[2] 災害救助では、当然にも住民の避難や救援の活動が最優先される。だが、戦時における避難や救援の活動は、軍隊の戦闘行動によって妨げられ、後まわしにされる。

このことは、そもそも何のために住民を避難させるのかという問題と関係する。敵の「武力攻撃から国民の生命、身体および財産を保護」するためなのだろうか。そうではない。住民が作戦地域に残って生活していることは、自衛隊や米軍の戦闘行動にとって邪魔になるからである。鳥取県の片山知事は「どうしても避難に応じない人をどう扱うかという問題があります。自衛隊は『一人でも住民が残っていたら部隊を展開できない』と主張します」と述べている。[3] 自衛隊や米軍の軍事行動の自由を確保するために住民を強制的に移住させることが、国民保護措置の狙いなのである。

2　田中隆『有事法制がまちにやってくる——だれをまもる国民保護計画？』（自治体研究社、二〇〇五年）

3　片山善博「保護法制に地方の声を」（「私の有事法制論」下『朝日新聞』二〇〇三年六月七日）

国民保護法制は、人権を侵害する

住民を強制的に移住させる避難措置は、居住・移転の自由（憲法二二条）を侵害する恐れが十分にある。それだけではない。

国民保護法は、指定公共機関である放送局が警報や避難指示を放送したり、バス会社や鉄道会社が避難のためにバスや列車を運行することを義務づけている。それは、報道の自由や営業の自由を侵す危険がある。また、土地・建物の所有者や流通業者は、避難住民の収容施設や食料の提供、医療機関は医療の提供を求められる。拒否すれば、土地・建物は強制使用され、食料などは強制収用されるし、医療への従事を義務づけられる。

磯崎陽輔は、「国民保護法を『有事において国民の人権を制限する法律』であると位置付けることは適切ではない」と主張している。[4] 磯崎はその理由として、①言論や集会の自由を制限する規定がまったくない、②個人の土地・建物の強制使用や物資の強制収用、医療提供の義務づけは、避難住民の救援活動の場合に限られている（土地・建物の強制使用は個人の財産権の制限になるが、避難住民の生命を守る利益のほうが優先される）、③警戒区域などへの立ち入り禁止は、社会秩序の維持のためにやむをえない、といったことを挙げている。

しかし、武力攻撃事態法も国民保護法も、「国民の自由と権利に制限が加えられる」ことを明確に謳っている。その制限は「必要最小限のものに限られる」としているが、しかし、この制限を正当化する根拠は「軍事的公共性」の論理なのである。国立市の上原市長の質問に対して、政府は「『我が国の平和と独立』や『国及び国民の安全』を確保するという高度の公共の福祉のためには、必要最小限の範囲において基本的人権を制約することが許される」と答えている。[5] 分かりやすく言えば、「国と国民の安全」を守るための戦争（有事）という軍事的公共性は、人権の侵害や制限を正当化するというわけである。

磯崎は、国民保護法の人権制限の内容は取るに足りないと主張している。だが、「国民保護」措置にともなう人権や私権の制限は、それだけが独立したものではない。同時進行する自衛隊や

4　磯崎陽輔『国民保護法の読み方』（時事通信社、二〇〇四年）

5　「有事関法制連三法案に関しての国立市長の政府への再質問および回答」（二〇〇二年九月）

米軍の戦闘行動のための人権や私権の制限と合わせて捉えなければならない。有事＝戦時における人権の制限の全体像を見る必要がある。

武力攻撃事態法や改正自衛隊法は、自衛隊の作戦行動（陣地の構築や部隊展開）のために私有地や家屋を強制使用したり形状を変更する権限を、知事に与えている。知事が拒否すれば、政府（首相）が代執行できる。戦後の日本では、個人の私有地や家屋を国家が強制使用・収用することは、公共事業（空港や道路の建設）の場合に限って行われてきた（土地収用法、権限は知事）。軍事目的での私有地の強制使用は、例外的に沖縄の米軍基地用地の強制使用の場合だけであった（駐留軍用地特別措置法）。有事法制はこの制約を踏み破って、軍事的公共性による人権や私権の侵害をどこでも可能にする。

また、自衛隊は、食糧や燃料を収用する、医療機関や輸送業者を医療や輸送に従事させる、私有地を緊急通行する、道路や空港や港湾を優先利用するなど、軍事行動の広範な自由を手に入れる。それは、市民の生活の権利や自由をいたる所で制限する。

自衛隊の戦闘行動と一体になって展開される「国民保護」が市民の自由を侵害することは、たとえば鳥取県がいち早く作成した「住民避難マニュアル」にも見いだされる。[6]そこでは、「避難者の舞い戻りの防止とゲリラ等の活動を阻止するため、各要所地点に検問所を設置する。警察、自衛隊との共同運営とする」。「避難時には混雑防止のため制限したボランティアを、避難先では受け入れる」が、「不穏分子（テロ）とボランティアの見分けが必要となる」といったことが記

6　「鳥取県住民避難マニュアル（研究案）」（二〇〇三年七月）

されている。住民の避難や救援の活動においても、軍事の論理（ゲリラの防止）が色濃く入りこんでいることがよく分かる。

「武力攻撃事態」という想定の非現実性

ここまで、想定されている「武力攻撃事態」への二つの対処措置の間に大きなジレンマがあり、軍事の論理（戦闘行動）が住民の保護よりも優先され、市民の人権や自由が脅かされる危険性を見てきた。しかし、「武力攻撃事態」という想定そのものが、実はまったくリアリティを欠いているのである。

政府は、都道府県や市町村に国民保護計画を作らせる指針として「国民保護に関する基本指針」を決定した（〇五年三月）。そこでは、「武力攻撃事態」の想定として四つの類型が挙げられている。①大規模な部隊が日本に上陸する着上陸侵攻、②ゲリラや特殊部隊による攻撃、③弾道ミサイル攻撃、④航空攻撃。そのうち、②と③は予測が困難であり、屋内への避難という対応しかとれない。大掛かりな住民の避難の措置は、①の着上陸侵攻、さらに④の航空攻撃の場合にのみ必要かつ可能だ、とされている。「指針」は同時に、「緊急対処事態」として、原発や石油コンビナートの爆破、ターミナル駅や列車の爆破、炭疽菌やサリンの大量散布、航空機による自爆テロを例示している。

ところが、この「指針」の決定に先立って政府が決めた「新防衛計画大綱」（二〇〇四年一二月）は、

「我が国に対する本格的な侵略事態生起の可能性は低下している」ので、「いわゆる冷戦型の対機甲戦、対潜戦、対航空侵攻を想定した整備構想を転換」する、と述べている。着上陸侵攻と航空攻撃による武力侵攻が起こる可能性が低いことを、政府自身が認めているのである。一方、テロの標的とされる可能性は、ロンドンやスペインの例が示すように、日本が派兵を本格化し米軍と一体化した軍事行動をとればとるほど高くなる。

しかし、国民保護法制は、テロ（「緊急対処事態」）への対応を含んでいるとはいえ、「武力攻撃事態」、なかでも着上陸侵攻への対応を中心にして組み立てられているのである。

「安全を守る」ための相互監視と住民参加のネットワークづくり

それでは、なぜ、武力攻撃事態の想定にまったくリアリティがないにもかかわらず、政府は、バスによる住民避難といった大掛かりな計画を地方自治体に作らせ、住民を参加させた実働訓練を行なわせるのだろうか。

政府の狙いを示す項目が「指針」のなかに記されている。「消防団および自主防災組織の充実活性化、ボランティアへの支援を通じた国民の協力」。「市町村は自主防災組織や町内会等の自発的な協力を得るなどして、各世帯に警報を伝達」。また、国民保護法は、国民保護の措置についての「訓練」を、「防災訓練との有機的な連携」の下で行なうこと、住民避難の訓練には「住民に対して訓練への参加について協力を要請する」ことを定めている（四二条）。

ここには、政府が命じ地方自治体が主導して、消防団、自主防災組織、町内会、防犯ボランティアのネットワークを地域社会のすみずみにまで張りめぐらそうとする国家の意図がはっきり読み取れる。それは、「国民の安全」を守ると称した住民参加型の相互監視のシステムである。それは、災害（大地震や原発事故）、犯罪（子どもの誘拐）、テロ、「武力攻撃事態」のいずれにも対応できるネットワークとして構築される。防災・防犯とテロ対策と国防を一緒くたにした、自衛隊と警察と行政が主導しボランティアが参加するコミュニティづくりである。

いま、住民のなかでは災害や犯罪に対する不安が急激に高まっている。その不安を背景にして、「不審者」（見知らぬ人、外国人、精神障害者、失業中の人、ホームレス）を発見したり締めだす住民参加型の監視システムが数多く作られつつある（防犯パトロール、不審者マップ、監視カメラ）。そこで、地域における防災、あるいは防犯のためのネットワークを横すべりさせて、テロや「武力攻撃事態」にも対応できる仕組みに変えようというわけである。

防災と「国民保護」を重ね合わせようとする政府の意図をはっきり示すのは、次の事例である。二〇〇五年三月に、十五基の原発を抱える福井県が京都府と合同の原子力防災訓練を行った。訓練は、高浜原発の放射能汚染事故を想定して、高浜町の住民四十人をバスで県境を越えて隣の舞鶴市に避難させるというもので、県境を越える訓練は全国初であった。これは防災訓練ではあったが、国民保護法に県境を越えた避難について知事の間で協力すべき旨が定められている（五九条）ことを意識したものであった。そして、一一月には、国民保護法にもとづく初めての実働訓練が、同じ福井県で美浜原発がテロ攻撃を受けたという想定で、政府と福井県が一緒になって行なわれた。訓練は、住民七十人が民間会社のバスで避難し、自衛隊の軽装甲機動車が護送するというものであった。

一一月の実働訓練の狙いについて、内閣官房の幹部は「テロリストの原発攻撃なんて、国民は想像もしなかった。そんな『有事』を身近な問題として考えてもらいたい」と語っている。[7] 災害や犯罪に対して高まる人びとの不安に乗じて、テロ、さらに「武力攻撃事態」(北朝鮮の特殊部隊による攻撃やミサイル攻撃?)への不安を煽り立て、これらを一括りにして「安全を守る」ために国家と軍隊に白紙委任するという意識を広げる。そして、「不審者(テロリスト)」を見つけだし締め出す相互監視のコミュニティを作りあげる。

これは、九・一一テロ以降、アメリカをはじめ先進国で広がった「内なる敵との戦争」という「対テロ戦争」の論理を具現する、社会と市民生活を日常的に国家の監視下に置こうとする「安全(セキュリティ)の政治」にほかならない。テロそのものは予測できず、防ぎようがない。米軍と一体になる派兵をやめて、テロ攻撃の標的になることから下りることが、テロを防ぐ最も確実な道である。だが、政府は、憲法九条の改憲によって派兵をますます本格化しながら、テロを防止しようとする。それが、国内に潜入してくる、あるいは住民のなかに紛れこんでいるテロリスト(不審者)を発見しあぶりだすという方法なのである。

7 『朝日新聞』二〇〇五年一一月二八日

地方自治体の自治権を剥奪する仕組み

有事法制（戦争協力体制）において地方自治体に割り当てられている役割は、ひじょうに大きい。自治体が国家に協力しなければ、「国民保護」措置はおろか、自衛隊や米軍の戦闘行動も実行できないのである。知事は、政府（首相）の要請があった場合、自らが管理する港湾・空港・道路などの特定公共施設を米軍や自衛隊に優先利用させる。また、自衛隊の作戦行動に必要な土地や建物の強制使用や物資の強制収用を行なったり、医療機関や輸送業者に業務従事命令を発する。そして、都道府県と市町村は、「国民保護」措置を実行する主役なのである。

その知事や市町村長が戦争協力を拒んで、政府の要請や指示に従わないとすれば、どうなるのか。

その場合、政府（首相）は、知事が港湾・空港・道路などを優先利用させるように指示し（是正の指示）、それでも従わないときには知事に代わって執行（代執行）することができる。知事から権限を取り上げて、国家の管理下に移すわけである。同じように、自衛隊の戦闘行動のための私有地の強制使用についても、知事が要請に従わないときには、作戦地域では政府（防衛庁長官）が権限を行使できる。さらに、米軍が利用する土地や建物の強制使用については、首相が直接に権限を行使できる。また、都道府県や市町村が国民保護計画を作成しない場合には、明文規定はないが、政府（総務大臣）による是正の指示、さらに代執行さえも「論理的にあり得る」と、解釈されている。[8]

8　前掲、『国民保護法の読み方』（註4）

このように、有事法制の下では、地方自治体は政府（首相）の総合調整・是正の指示・代執行の仕組みをかぶせられ、自治権を大きく制限される。日米新ガイドライン（一九九七年）にもとづいて制定された周辺事態法（九九年）は、自治体が米軍による港湾や空港の使用に許可を与えるといった対米軍事協力を義務づけた。しかし、政府は自治体に対して「必要な協力を求めることができる」という規定に示されるように、法的な強制力を欠くものにとどまった。

有事法制はこの弱点を克服し、地方自治体に戦争協力を法的に義務づける。武力攻撃事態法は、自治体が政府の命じる「対処措置」を「実施する責務を有する」（五条）と定め、首相に総合調整、実施の指示、是正の指示、代執行の権限を与えている。自治権を取り上げ、自治体を再び国家の下請け機関に変えて、戦争への協力を強制する仕組みとなっている。それは、地方分権の流れを一気に逆転させるものである。

有事法制は地方分権への逆流

二〇〇〇年の地方分権改革は、制度的には国＝中央政府と地方自治体の関係を対等な政府間関係に変えた。すなわち、機関委任事務の廃止によって首長は中央省庁の指揮監督から脱却し、地方自治体は自立した地方政府の地位を得た（条例制定権の拡大、政府と対等な法令解釈権の獲得）。その意義は大きい。同時に、そこには中央政府による関与の余地を大きく残したり、補助金システムに手がつけられず財政面で中央政府に従属したままであるといった限界があった。

そして、地方分権改革は、「国と地方自治体の役割分担」という論理に立って行なわれた。[9] これは、自治体が福祉や都市計画や公共事業など内政に関わる決定権をもつ代わりに、中央政府は外交・軍事・安全保障についての決定権を独占的に行使するという考え方である。この考え方は、「国は、国際社会における国家としての存立に関わる事務……を重点的に担い、住民に身近な行政はできる限り地方公共団体に委ねることを基本として、地方公共団体との間に適切に役割を分担する」と改正地方自治法のなかに明記された。

「役割分担」論は、「国の安全」にかかわる外交・軍事・安全保障を中央政府の専権事項と見なして、自治体の拒否権や発言権を奪う論拠とされてきた。たとえば駐留軍用地特措法は改悪され、米軍用地の強制使用に関する首長の事務手続き権限が取り上げられ、県の土地収用委員会の権限も骨抜きにされた。米軍基地の存在は、周辺の住民の人権や生命や生活を脅かす。だから、住民の人権や安全を守ること（「住民の福祉の増進」）を最大の役割とする自治体が、米軍基地の存続か撤去かという問題について発言権や拒否権を行使するのは当然である。しかし、政府は、米軍基地の存在は「国の安全」に属する問題だとして、自治体や住民が口出しすることを排除しようとする。最近では、沖縄の普天間基地の移転先となる新しい基地建設のための公有水面の使用権限を知事から奪って国に移す特別措置法さえ、密かに企てられている。

地方自治体の自治権を制限・剥奪する有事法制は、地方分権への逆流である。しかし、「役割分担」論に立つ地方分権論は、これに有効に対抗できない。国家が「国の安全」に関する事柄の

9　この点については、白川『脱国家の政治学』（社会評論社、一九九七年）、同「地方自治・地方分権への大逆流」季刊『ピープルズ・プラン』No.24（二〇〇三年秋）で詳しく論じておいた。

決定権を専権事項として行使することを認めてしまっているからである。だから、「軍事行動や情報収集は国の役割なので、国が地方に指示するケースも当然あり得ます。平時なら自治権の侵害になりますが、有事の際はやむを得ない」[10]という自治権放棄の論理に行き着く。

自民党の新憲法草案は、「役割分担」論をも越えて、地方自治体が国家に「協力」するべきだという規定を打ち出した。「国及び地方自治体は、適切な役割分担を踏まえて、相互に協力しなければならない」と。一地域だけでは担えない仕事を国が補完するという補完性の原則に立てば、国が自治体に協力するのは当然の責任である。しかし、なぜ、自治体は国に協力しなければならないのか。その根拠は何もないのである。地方自治体は、国と対等な関係にある自立した地方政府であるのだから、地域住民の側に立って国の政策に異議を唱えたり、独自の政策を実行する責任を負っているのである。

「相互協力」論は、地方自治体の自立性を否認し、国家の指示に忠実に従うことを義務づけるものである。その服従は、何よりも戦争協力、すなわち有事法制において行なわれることが想定されている。

地域から非軍事化を実行する

しかし、国＝中央政府と地方自治体は対等な政府間関係にあるということが、両者の関係を律する大原則である。住民の安全を守る役割を担う地方自治体は、住民の安全や人権が脅かされる

10　前掲、「保護法制に地方の声を」（註3）

危険が最も高まる戦時＝有事に対してこそ、自立した地方政府としてふるまうことを求められる。有事法制が自治体に戦争協力を強制する法的仕組みをかぶせたのは、逆にいえば、自治体のもっている自主的な権限や役割がそれだけ大きいからである。地方自治体がその権限や役割を発揮して、国家への戦争協力を拒む余地は十分にある。

国家の戦争に協力することと住民の安全や生活を守ることとは、絶対に両立しない。このことは、住民を軍隊の戦闘に巻きこんだために十三万人（人口の三分の一）もの犠牲者を出した沖縄戦の悲惨な経験によって立証されている。また、国民保護計画の作成過程でも、自衛隊の戦闘行動と住民の避難活動とが道路や港湾の使用をめぐって衝突することが明らかになってきた。

住民の安全を守ろうとするのであれば、地方自治体は、国家の戦争への非協力を貫き、その地域を非軍事化する政策を実行するべきである。すなわち、港湾・空港・道路・医療機関などの公共施設の軍事利用を認めない、有事＝戦時において自衛隊や米軍の部隊が通過したり展開することを拒む、自衛隊をふくむすべての軍事基地を撤去させる、といった政策をとる必要がある。

そのために有効な政策は、港湾や空港や病院の軍事利用を禁止する「平和市民条例」を独自に制定することである。また、ジュネーブ条約追加第一議定書にもとづく「無防備地域」宣言を行うことである。

「無防備地域」は、四つの条件（すべての戦闘員・移動用兵器・移動用軍用施設が撤去されていること、固定した軍用施設が敵対的目的に使用されていないこと、当局や住民による敵対行為が行なわれていないこと、軍事行動を支援する活動が行われていないこと）が満たされる場合、「適当な当局」によって宣言される。これを攻撃することは、国際人道法上、戦争犯罪として禁止される。日本政府は、国だけが「無防備地域」の宣言を行いうる「当局」であり、地方自治体が宣言することはできないと言い張っている。[11] しかし、議定書の成立過程で当初は「国」だけに限定されていた「当局」が「国以外の」当局にまで拡大されたという経緯から見て、地方自治体も「適当な当局」であることは明らかだ。防衛研究所の岩本誠吾も、「適当な当局」は何よりも「地方の軍当局、軍司令官を指している」が、「政府以外に地方自治体も該当する」ことを認めている。[12]

そして、地方自治体が、「国民保護計画」の作成を返上・拒否することも重要である。自治体が「計画」を作成しない場合、政府による是正の指示が行なわれ、代執行も論理的には可能だと解釈されているが、国が代わって作成する「計画」など何の実効性もないだろう。地方自治体が「国民保護計画」を作ろうとする動きに対して、市民の側からは、避難拒否者の自由を尊重せよ、住民の人権保障を最優先する、軍事と切り離した防災計画だけでよい、国民保護協議会に自衛隊関係者を参加させる必要はない、といった主張を掲げた運動の取り組みも行なわれている。

地方自治体が非軍事化の条例や政策を定めることは、有事法制と衝突する。しかし、自治体は、国と対等な立法権（条例制定権）や法令解釈権を手にしたのだから、これを行使して中央政府と争うことができる。非軍事化の政策が市民運動に支えられ住民の多数の支持を獲得したとき、国

11 前掲、「国立市長の政府への再質問および回答」（註5）

12 岩本誠吾「『無防備地域』の宣言主体」『新防衛論集』一九九〇年三月号

家がこれを押し潰すことは簡単ではない。現に、在日米軍再編計画を受け入れられないという岩国・座間・相模原市など地方自治体の頑強な抵抗は、政府を慌てさせている。

有事法制に抵抗する運動は、改憲を阻む力を育てる

非核神戸方式をモデルとする「平和市民条例」の制定や「無防備地域」宣言をめざす地域の運動が、全国各地で取り組まれている。[13] いまのところ、これらの運動は、自公連立政権に直結する地方議会内の多数派の厚い壁を突破するまでには至っていない。しかし、地域からの非軍事化をめざす運動の意味は大きい。

それは、国家の企てている「安全の政治」に対抗して、国家と軍隊に頼らない民衆の安全保障(市民の手による安全保障)のあり方を具体的に提起し、人びとのなかに討議を呼び起こす。それはまた、「九条を守れ」と繰り返す次元を越えて、九条を具体的に実現する運動である。

さらに、国民保護計画の作成や住民参加の訓練に反対し、地域からの非軍事化を追求する運動は、改憲構想の全体像を浮かび上がらせ、これと対決する。自民党の新憲法草案は、九条二項(戦力保持と交戦権の否認)と九六条(ハードルの高い厳格な改正手続き)に的を絞ったシンプルなものである。それは、草案の決定に至る過程で出された改憲の構想や論点の多くを先送りしている。そのシンプルさは、改憲の最大の狙いが九条を変えて、戦争と派兵ができる「普通の国家」に転じることにあることを浮き彫りにしている。

13 たとえば函館や小樽の非核・平和市民条例の制定をめざす運動。地方自治体の戦争非協力については、「いのくら」基地問題研究会編『私たちの非協力宣言――周辺事態法と自治体の平和力』(明石書店、二〇〇一年)が詳しい。

しかし、戦争と派兵ができる国家を実際に作るためには、さまざまの条件を憲法上でも整えなければならない。九六条の改正によって、先送りした構想や論点をつぎつぎに憲法に書きこんでいこうというわけである。その構想や論点のひとつが、国家緊急権の規定を盛り込むことである。「外部からの武力攻撃」、「テロリスト等による大規模な攻撃」、「自然災害」といった「国家緊急事態」の発生を首相が認めて布告を発した場合、国民の「基本的な権利・自由は、告示が発せられている期間、とくにこれを制限することができる」(「自民党改憲草案大綱」〇四年一一月)。

有事法制は、現行憲法にはまったくない国家緊急権の発動を先取りしている。地域から有事法制に抵抗し、地方自治体に自治権を行使させて有事法制の現実の発動を困難にする運動は、国家緊急権を盛り込もうとする改憲にノーを突き付ける。

【編者紹介】
ピープルズ・プラン研究所
ピープルズ・プラン研究所は、現在の暴力的な世界秩序や息苦しい社会制度に代わって、民衆（ピープル）の側から構想される社会を探求する在野の研究グループです。国内、海外のさまざまな反戦、反グローバリゼーションの運動と合流し、ネットワークを築きながら、新しい理論と思想を生み出す研究活動をおこなっています。
〒169-0072 東京都新宿区早稲田町 75 日研ビル 2F
Tel/Fax：03-5273-8362
ppsg@jca.apc.org
http://www.jca.apc.org/ppsg/

「改憲」異論③　九条と民衆の安全保障

発行…………二〇〇六年四月一五日　初版第一刷一八〇〇部
定価…………一〇〇〇円＋税
編者…………ピープルズ・プラン研究所
発行所………現代企画室
住所…………101―0064東京都千代田区猿楽町二―二―五―三〇二
電話―〇三―三二九三―九五三九
ファクス―〇三―三二九三―二七三五
E-mail：gendai@jca.apc.org
http://www.jca.apc.org/gendai/
郵便振替―〇〇一二〇―一―一一六〇一七
印刷所………中央精版印刷株式会社
ISBN4-7738-0603-6 C0036 Y1000E